Alexander Nabben

Tofu vegan

Alexander Nabben

Tofu vegan

Köstlich kochen und backen mit Tofu

Inhalt

Tofu – vielseitig und gesund ... 6
Die Sojabohne ... 7
Tofu ... 15
Tipps, Tricks und Nützliches ... 20
Sojamilch selbst gemacht ... 24
Tofu selbst gemacht ... 36

Grundrezepte: Tofuvariationen ... 39
Grundrezepte: Tofuzubereitungen ... 44
Rohkost und Salate ... 48
Dressings ... 56
Saucen ... 60
Suppen ... 66
Hauptgerichte ... 72
Aufläufe ... 86
Pasteten ... 90
Bratlinge ... 96
Aufstriche ... 104
Partysnacks ... 118
Kuchen und Gebäck ... 130
Desserts und süße Leckereien ... 148
Eiscreme ... 160

Der Autor ... 170
Rezeptindex ... 171

Tofu – vielseitig und gesund

Was ist rein, weich, weiß und kann die Welt erobern? Tofu ist eines der vielseitigsten Lebensmittel der Welt, nicht obwohl, sondern weil er fast ohne Eigengeschmack auftritt. Was zunächst paradox klingen mag, wird spätestens in diesem Buch unter Beweis gestellt. Hier erfahren Sie von einem Kenner der Materie, wie Tofu sowohl selbst hergestellt als auch wie er weiterverwendet werden kann. Dabei gibt es fast nichts, was sich nicht aus beziehungsweise mit Tofu herstellen ließe, egal in welche Richtung es gehen soll. Insofern ist »Meister der Verwandlung« als Titel für Tofu absolut zutreffend.

Richtig zubereitet ist Tofu eine vielseitige und schmackhafte Basis in der vegetarischen Küche. Zu Unrecht herrscht bei vielen immer noch das Vorurteil, dass Tofugerichte einfach nicht schmecken, und so mancher unkundige Koch hat zu diesem schlechten Ruf sicherlich sein Scherflein beigetragen. Denn die geschmackliche Qualität von Tofu hängt allein von der Zubereitung und der Qualität der Rezepte ab. Seinen Abwechslungsreichtum erhält Tofu dadurch, dass er selbst relativ geschmacksneutral ist. So lässt er sich in jede beliebige Richtung würzen. Suppen und Saucen, Aufläufe und Pasteten, Desserts und Brotaufstriche, ob einfach und schnell oder raffiniert und aufwendig: Alles ist machbar und möglich und dazu noch für die Gesundheit wertvoll. Denn die Sojabohne als Ausgangsprodukt des Tofu enthält als einzige Hülsenfrucht alle acht essentiellen Aminosäuren, viel Vitamin E und Lecithin, hat aber wenig Fett und Kalorien.

Wer fürchtet, für die Zubereitung von Tofugerichten lange in der Küche zu stehen, dessen Sorge sei unbegründet, denn viele Gerichte sind tatsächlich im Handumdrehen fertig.

Für Sojamilch und Tofu gibt es nicht nur unzählige Variationsmöglichkeiten, sie lassen sich auch im eigenen Haushalt kostengünstig herstellen. Es ist einfacher, als Sie vielleicht denken.

Die erste Sojamilch und den ersten Tofu habe ich 1978 kennengelernt, und zwar, indem ich sie selbst hergestellt habe. Wo sonst hätte es damals solche Exoten gegeben? Obwohl ich nun schon seit über 30 Jahren Tofu verwende und oft viele Leute damit beköstige, bekomme ich immer wieder den verwunderten Ausruf zu hören: »Was – das ist Tofu? Das hätte ich ja nie gedacht!« Lassen auch Sie sich von der Vielfalt des Tofu überraschen. Ich wünsche Ihnen viel Spaß beim Zubereiten, Naschen und Genießen.

Die Sojabohne

Kulturgeschichte

Schon Jahrtausende vor unserer Zeitrechnung war die Sojapflanze in China weit verbreitet. Im Jahre 2838 v. Chr. stufte sie der chinesische Kaiser Shen-Nung als eine der fünf heiligen Pflanzen ein. Die Bezeichnung »Soja« wird auf das chinesische Wort »sou« für »große Bohne« zurückgeführt. Schon früh hatte sich im Fernen Osten die weise Erkenntnis durchgesetzt, dass die Eiweißversorgung vieler Menschen mit Hilfe von Soja leicht sicherzustellen ist.

Erst 1712 brachte ein deutscher Botaniker die Sojabohne von einer Japanreise nach Europa. Angebaut wurde sie erst ab 1870. Als Missernten 1908 zu einer Verknappung der damals gebräuchlichen Ölsaaten führten, begann der großflächige Anbau. In den USA wurde Soja in noch größerem Ausmaß als in Europa angebaut. Waren bis in die 1950er-Jahre China und die Mandschurei weltweit die größten Sojaproduzenten, so sind es derzeit die USA, Brasilien, Argentinien, China und Kanada.

Die Ursache für die starke Verbreitung des Sojaanbaus war jedoch nicht etwa die Eiweißversorgung der Menschen, sondern vielmehr die wachsende Nachfrage nach Produkten vom Tier. Rund 90 Prozent der Weltsojaernte findet als Viehfutter Verwendung, obwohl Soja als Quelle zur direkten Eiweißversorgung des Menschen viel besser und sinnvoller nutzbar ist.

Seit mehr als drei Jahrzehnten setze ich mich in vielfältiger Weise dafür ein, die Zusammenhänge zwischen Sojaanbau, Produktion von Tierfutter, menschlicher Ernährung und Ökologie ins Bewusstsein der Öffentlichkeit zu rücken. Die weltberühmte Wunderbohne ist viel zu schade für Tierfutter. Soja hat enormes Potential als Beitrag für Gesundheit und gegen Welthunger. Und zwar insbesondere, wenn Soja in Form von traditionellen Lebensmitteln und Rezepturen wie Sojamilch oder Tofu verwendet wird. Schon seit über 2000 Jahren sind diese Lebensmittel in Fernost die hauptsächlichen Versorgungsquellen der Menschen mit vollwertigem Eiweiß. Diesen Segen gab es bereits vor dem Bau der chinesischen Mauer, vor der Geburt Buddhas, Mohammeds und Abrahams, vor Konfuzius und Jesus. Seitdem verbreitete sich die Kunst der handwerklichen Herstellung unterschiedlicher traditioneller Lebensmittel aus Soja immer mehr. Bis auf den heutigen Tag. Obendrein zählen Sojamilch und Tofu mit zur Krönung in der rein pflanzlichen, der veganen Küche.

Die Welt und die Bohne

»Der ökologische und ökonomische Tribut, den die Aufrechterhaltung der künstlich geschaffenen Nahrungskette auf der Basis einer übermäßig proteinreichen Fleischernährung fordert, ist vielleicht der höchste Preis, den die Menschheit in ihrer Geschichte bezahlen muss. Millionen von Amerikanern, Europäern und Japanern schlingen Hamburger, Steaks und Rinderbraten in sich hinein, ohne sich die Folgen bewusst zu machen, die ihre Essgewohnheiten für die Biosphäre und für die schlichte Bewohnbarkeit des Planeten Erde haben. Jedes Stück dieses Fleisches bezahlen wir alle mit abgebrannten Wäldern, verdorrten Böden, ausgelaugten Feldern, ausgetrockneten Flüssen und Bächen und einer vergifteten Atmosphäre.«

J. Rifkin, Das Imperium der Rinder

Rein rechnerisch gibt es für jeden Menschen auf der Erde jeden Tag mindestens ein Kilogramm Getreide. Auch ohne Gensoja, ohne steigenden Pestizideinsatz und ohne weitere Vergrößerung der Anbauflächen ließe sich der Eiweißmangel großer Bevölkerungsteile mühelos und vollständig decken, wenn die geernteten Sojabohnen den Menschen direkt zur Verfügung stünden. Dafür werden die ehemaligen Regenwaldflächen nicht mal benötigt. Stattdessen aber sterben weltweit jeden Tag durchschnittlich etwa 8 400 Kinder unter 5 Jahren an Unterernährung und den Folgen von Eiweißunterversorgung und Fehlernährung. Weltweit geht man von mehr als einer Milliarde hungernder Menschen aus. Und in den reichen Ländern leiden immer mehr Menschen an Krankheiten, die durch Eiweißüberversorgung verursacht werden, wie Gicht, Nierensteine, Osteoporose Herzkreislaufprobleme und vieles mehr.

Für die Erzeugung von Rindfleisch wird eine dreißigmal größere Fläche benötigt als für den Anbau von Soja mit dem gleichen Eiweißgehalt. Während die Weltbevölkerung weiter rasant wächst, geht durch so unterschiedliche Faktoren wie Überdüngung, Übersäuerung, Erosion, aber auch durch Zersiedelung, Austrocknung oder Verseuchung immer mehr wertvolles Ackerland verloren. Schon jetzt sagen einige Fachleute voraus, dass sich die Menschheit die sogenannte Veredelung – oder eher Verelendung –, also den Umweg über das Tier, nicht mehr lange leisten kann. Erst mit Hilfe dieser globalen Sojapolitik konnte die gnadenlose Ausbeutung immer größerer Nutztierbestände den heutigen Stand erreichen, wo sich dank hoher Kraftfuttermengen die Milchleistung vervierfacht und die Schlachtreifezeit halbiert hat. Ohne die missbrauchte Sojabohne aus den ehemaligen Regenwaldgebieten würden nicht ständig neue Mastfabriken mit 50 000 bis 90 000 Tieren entstehen. Das Elend der am Fließband gemästeten Tiere gerät durch die Anonymität der Strukturen immer mehr in den Hintergrund.

Am Beispiel von **Brasilien,** wo die »Sojabarone« ihre rücksichtslose Politik sicherlich äußerst extrem praktiziert haben, soll verdeutlicht werden, wie negativ mit dem Sojaanbau in vorhandene Strukturen eingegriffen wurde und welche Folgen diese Eingriffe haben:

In den 1950er-Jahren bestand noch etwa 30 Prozent der Fläche im Süden des Landes aus Regenwald, heute sind es weniger als 2 Prozent. Die dort entstandenen Sojafelder verursachten eine starke Verknappung von Grundnahrungsmitteln, denn nicht nur dort, wo vorher Regenwald war, sondern auch auf Flächen, auf denen zuvor schwarze Bohnen, Reis und Mais angebaut wurden, wird jetzt Soja angebaut. Die daraus resultierende Verteuerung der Nahrungsmittel bedeutet für viele Menschen Hunger. Seit den 1970er-Jahren fielen hunderttausende kleinbäuerliche Betriebe diesem »Strukturwandel« zum Opfer. Landarbeiter, Pächter und Bauern flohen in die Städte und vergrößerten die Slums und das Elend dort. Bei den verbliebenen Plantagenarbeitern wurde eine hohe Belastung mit Pestizidrückständen im Blut festgestellt. Meist ausländische Konzerne beliefern mit dem billigen Soja-Kraftfutter aus dieser Region die »Tierproduzenten« von Fastfood-Ketten oder anderen Großabnehmern.

Weltweit werden jährlich mehr als sechshundert Millionen Tonnen Getreide und Soja an »Nutztiere« verfüttert. Entsprechende Gesetze fördern diese brisante Entwicklung, wobei die übrig gebliebenen Bauern längst zu abhängigen Vertragslieferanten weniger Konzerne gemacht wurden, die Saatgut und Pestizide, Futtermittel und Hormone liefern. Die industrielle Produktion von einem halben Kilogramm Sojabohnen benötigt zwar schon rund neunhundert Liter Wasser, die gleiche Menge Rindfleisch aber braucht knapp achttausend Liter. Noch ungünstiger wird die Rechnung bei Berücksichtigung der Transportkosten und der Umweltschäden, um die unvorstellbaren Mengen an Futtermitteln aus aller Welt heranzuschaffen. Sicher werden in der Biolandwirtschaft andere Futtermittel eingesetzt, das ungünstige Input-Output-Verhältnis ist dort aber trotzdem nicht besser. Die Sojabohne derart zu missbrauchen, entspricht in keiner Weise den Anforderungen der Zukunft.

Dabei ist der Eiweißanteil sowie die Menge an tierischen Produkten in der Nahrung noch nie in der Menschheitsgeschichte so hoch gewesen wie heute, obwohl wir doch längst keine Gesellschaft von Schwerarbeitern mehr sind. Auch die »Deutsche Gesellschaft für Ernährung« empfiehlt mehr pflanzliches und erheblich weniger tierisches Eiweiß und Fett. Jeder zweite Bundesbürger hat Übergewicht; anerkannte Fachleute weisen eindeutige Zusammenhänge zwischen einem zu hohen Anteil an tierischen Produkten in der herkömmlichen Ernährungsweise und vielen Krankheiten nach. Sei es nun Gicht, Rheuma, Neurodermitis, Herzkreislauferkrankungen oder Diabetes – die Ernährungsempfehlungen ähneln sich: mehr Salat, mehr Rohkost und Gemüse, mehr Vollkorn und Tofu, weniger Milchprodukte, Fleisch und Wurst, weniger Weißmehl und Zucker. Verantwortung für sich und den eigenen Körper zu übernehmen, heißt letztlich auch, sich an der Verantwortung für die Welt zu beteiligen. Unseren persönlichen Beitrag sollten wir keineswegs unterschätzen.

Anbau

Tatsächlich ist die Sojabohne die Königin der Hülsenfrüchte! Kaum einer anderen Feldfrucht auf der ganzen Welt kommt von Seiten der Landwirtschaft und der Ernährung so viel Aufmerksamkeit zu wie der Sojabohne.

Die Sojapflanze gehört zur Familie der Schmetterlingsblütler und hat die Fähigkeit, über Knöllchenbakterien, die sich an den Wurzeln befinden, Stickstoff aus der Luft zu binden und ans Erdreich abzugeben. Daher laugt Soja im Gegensatz zu beispielsweise Mais den Boden nicht aus, sondern liefert Stickstoff auch noch für die Folgesaat, zum Beispiel für Getreide, das häufig größere Mengen von diesem Nährstoff benötigt.

Die am meisten verbreitete Sojasorte ist die gelbe Sojabohne, es gibt aber auch rote, grüne, braune und schwarze Bohnen. Obwohl es global immer noch mehr als tausend Sorten gibt, ist die Sortenvielfalt auch im konventionellen Sojaanbau stark rückläufig.

Da Soja nicht aus dem hiesigen Kulturkreis stammt, wird die Pflanze hierzulande immer noch häufig abgelehnt beziehungsweise für nicht besonders förderungswürdig gehalten. Nicht nur seitens der Fleischindustrie hagelt es seit Jahrzehnten immer wieder Anti-Soja-Kampagnen. Selbst manche Anthroposophen und Ökologen sprachen sich anfangs vehement gegen den Sojaanbau und die Verbreitung von Tofu und Co. hierzulande aus. Doch längst hat sich das Vorurteil vielerorts in Zustimmung verwandelt, längst gibt es hierzulande wachsende Flächen von Biosojaanbau, zumindest südlich des »Weißwurstäquators«, also südlich der Linie Mainz-Donau-Wien. Demeter-Tofu ist längst en vogue. Die weitere Entwicklung bleibt spannend – schließlich waren viele unserer heutigen Kulturpflanzen, allen voran die Kartoffel, ursprünglich nicht bei uns beheimatet.

Ein weiteres Argument gegen die Verwendung dieser vielseitigen Hülsenfrucht ist der vermeintliche Anbauflächen»missbrauch« zugunsten des Sojaanbaus in den sogenannten Entwicklungsländern, wodurch den Einheimischen die Grundlage für die Selbstversorgung genommen und

Die Sojabohne

die Abhängigkeit von den Industrieländern vergrößert wird. Den mengenmäßig größten Anteil am Sojaanbau haben derzeit aber ohnehin die USA. Zudem wird der Regenwald für Viehfutter-Soja und nicht für Tofu und andere Sojaprodukte des menschlichen Verzehrs gerodet, die darüber hinaus meist auch aus ökologischem Anbau stammen.

Auch in Europa wird inzwischen immer mehr Soja angebaut. Diese Sojapflanzen sind zwar nicht immer so ertragreich wie die US-amerikanischen, nicht selten haben die Bohnen aber einen höheren Nährwert. In Rumänien und in der Schweiz, in Schweden, Frankreich und Österreich, in Südrussland und Spanien, in Italien und anderswo wird Soja erfolgreich angebaut. In Deutschland ist der gewerbliche Anbau nur in wärmeren Zonen möglich, zum Beispiel in Weinbaugebieten. Gerade in der wärmsten Ecke hierzulande, im Südwesten, werden seit Jahren in zunehmendem Maße Sojabohnen angebaut. Je nach Standort und Sorte wird die Sojapflanze, ähnlich wie die bekannte Buschbohne, dreißig Zentimeter bis zwei Meter hoch.

Im größeren Stil ist der Anbau nicht ganz einfach, insbesondere wegen der speziellen Bakterien für die Knöllchenbildung, die in hiesige Böden erst eingebracht werden müssen, um eine möglichst baldige Ernte zu gewährleisten. Aber es kann sich lohnen. Zwei bis drei Jahre wird Soja auf dem gleichen Feld angebaut, wobei sich der Ertrag stetig erhöht. Für Umstellbetriebe bietet sich damit eine Hülsenfrucht, die als Zwischenfrucht nicht nur den Boden, sondern als Verkaufsfrucht auch den Geldbeutel bereichert.

Inzwischen gibt es hierzulande einige Tofuhersteller, die mit Soja aus einheimischem Bioanbau werben. Neben den kürzeren Transportwegen hat dieses Soja auch den Vorteil eines höheren Eiweißgehalts. Obwohl der Anbau von der EU bezuschusst wird, bedarf es gewiss weiterer Pionierkraft, damit statt Mais und Raps, statt Rüben und Wein mehr Soja auf die Felder gebracht wird. So sei gerade den biologisch wirtschaftenden Bauern die Wunderbohne ans Herz gelegt. Der Absatz der Sojabohnen ist durch die stetig steigenden Umsätze der Tofuhersteller vermutlich gesichert.

Alle genannten Faktoren sprechen ganz eindeutig für die so bewährten und lang erprobten Sojaprodukte aus Ökolandbau und nachhaltiger Wirtschaftsweise. Hier kann jeder Mensch zeigen, dass Geschmack und Genuss nicht auf der Zunge und im Gaumen aufhören müssen und die Mahlzeit Herz und Hirn enthält, obwohl sie nicht nur fleischlos, sondern auch noch vegan ist. Sicher gibt es mit Tofu gefüllte Rindfleischscheiben oder mit Ei oder Käse vermischte Tofuzutaten nach dem Motto »doppelt gemoppelt hält besser«. Aber Sie werden sehen: Hier hält es auch ohne. Wie so häufig ist weniger auch in diesem Fall mehr.

Nährwert der Sojabohne

Die Nährwertzusammensetzung der Sojabohne ist in ihrer Hochwertigkeit einmalig. Keine andere heute kultivierte Feldfrucht liefert so viel für den Menschen direkt verwertbares Eiweiß.

Der Samen der Sojapflanze bringt es auf fast 38 Prozent Eiweiß und 17 bis 20 Prozent Fett. Dabei ist Soja die einzige Hülsenfrucht, die alle acht essentiellen Aminosäuren liefert. Auch das Fett ist außerordentlich hochwertig, besteht es doch zu über 80 Prozent aus einfach oder mehrfach ungesättigte Fettsäuren mit der wichtigen Linolsäure. An Mineralien sind erstaunlich viel Eisen und Kalium, Natrium, Kalzium und Phosphor enthalten. Aber auch darüber hinaus hat die Sojabohne viele Vorzüge: Einige Vitamine der B-Gruppe, das fettlösliche Vitamin E und Cholin sind bei Soja reichlicher vorhanden als in vielen tierischen Lebensmitteln. Kein anderes Nahrungsmittel, mit Ausnahme des Eies, hat einen so hohen Gehalt an wertvollem Lecithin wie Soja – zwischen 1,8 und 3,2 Prozent. Lecithin ist wichtig für Gehirn- und Nervenfunktionen. Neuere Forschungen zeigen außerdem, dass Soja eine Substanz, nämlich Genistein, enthält, die das Tumorwachstum hemmen kann. Tofu als ein Sojaprodukt wirkt auch nicht säurebildend wie vergleichbare tierische Nahrung, sondern vielmehr basisch. Tofu bietet daher einen wichtigen Ausgleich bei unserer vorwiegend säurebildenden Nahrung. Und die Tatsache, dass viele Ostasiatinnen erheblich weniger Beschwerden in den Wechseljahren haben als viele Europäerinnen und Nordamerikanerinnen, wird auch auf den üblicherweise höheren Sojaanteil der traditionellen ostasiatischen Ernährungsformen zurückgeführt.

Sojaprodukte

Seit vielen Generationen kennen die Menschen im Fernen Osten die Schatztruhe der Sojabohne und haben sie weiterentwickelt. So wurde nicht nur die ganze Bohne gekocht und gegessen, sondern es wurde auch mit ihr experimentiert. Dabei entstanden neben Sojamilch und Tofu auch die allseits bekannte Sojasauce und das Miso, das wie Sojasauce durch Gärungsprozesse hergestellt wird.

Sojasauce gibt es traditionell als *Tamari* (Soja, Meersalz und Wasser) und als *Shoyu* (zusätzlich mit geröstetem und gemahlenem Weizen). Letzteres ist milder. Im Handel erhältliche Sojasauce kommt meist aus Japan oder China. Teilweise werden in Naturkostläden auch – laut Herstellerangaben – Produkte aus einheimischem Soja angeboten. Auch naturbelassenes **Miso** ist dort erhältlich. Miso ist eine würzige Paste, die entweder nur aus Soja oder aus einer Mischung aus Soja und Reis, Gerste oder Buchweizen in einem Gärungsprozess entsteht. Mit Miso lassen sich Suppen und Saucen würzen und dabei noch Salz sparen: Die gleiche Menge Miso würzt genauso gut wie ebensoviel

Salz, beinhaltet aber wesentlich weniger davon. Ein weiteres Fermentationsprodukt aus Sojabohnen ist **Tempeh,** eine Art Soja-Brie mit Edelschimmelkulturen aus Indonesien. Ein Rückstandsprodukt bei der Herstellung von Sojamilch ist die Sojakleie, das **Okara,** das ebenfalls begrenzt zur Ernährung dienen kann. **Sojakaffee** und **Sojanüsse** seien zur Ergänzung der Produktpalette noch genannt, ebenso die **Sojasprossen** – wobei es sich bei den hierzulande angebotenen Produkten mit der Bezeichnung »Sojasprossen« meist um Mungbohnensprossen handelt.

In unterschiedlichen Variationen haben sich diese empfehlenswerten Lebensmittel im ganzen ostasiatischen Raum verbreitet. So gibt es zum Beispiel in Japan viele tausend Tofuläden, in denen täglich frischer Tofu hergestellt und angeboten wird. Für viele Westler ist es immer noch unvorstellbar, dass ganze Generationen von Menschen nach der Muttermilch mit Sojamilch aufwachsen und ein Leben lang bestens damit auskommen. Viele der bei uns verbreiteten »Zivilisations«-Krankheiten waren in Asien lange unbekannt und verbreiten sich erst mit den westlichen Ernährungsgewohnheiten.

Die **modernen westlichen Sojaprodukte** waren zunächst Nebenprodukte der Ölgewinnung. Das Öl wird extrahiert und unter Erhitzung mit der Chemikalie Hexan neutralisiert. Unerwünschte Aromastoffe werden dabei mit Hilfe von Wasserdampf entfernt.

Der eiweißreiche Pressrückstand, auch Ölkuchen genannt, wurde Grundlage für Futtermittel. Im Laufe der Jahrzehnte wurde der Ölkuchen – anfangs hauptsächlich in den USA – aber auch zu Sojamehl, Sojaflocken, Granulat, strukturiertem Sojaprotein (TVP), dessen Struktur der von Fleisch nachempfunden ist, oder zu neunzigprozentigen Eiweißisolaten als Hochleistungskraftfutter für Spitzensportler weiterentwickelt. Dafür wird Soja bei hohem Druck und starker Erhitzung durch Maschinen gepresst, in Chemikalien getränkt, mit Hilfe von Laugen und Säuren in Einzelteile zerlegt und durch Feinspinndüsen, Extruder und Temperaturschocks in neue Formen gebracht. Spätestens hier offenbart sich der elementare Unterschied zwischen diesen Produkten und traditionellen Lebensmitteln aus Soja. Für die Herstellung von Sojamilch und Tofu benötigt niemand eine großtechnische Anlage im Keller.

Entfettetes Sojamehl im Gebäck ermöglicht unter anderem eine bessere Wasserbindung und sorgt dadurch nicht nur für längere Frische, sondern auch für mehr Gewicht. Sojamehl dieser Art wird auch als »Eiersatz« mit etwas Flüssigkeit glatt gerührt und zum Beispiel in veganen Kuchenrezepten verwendet. Sojamehl, Sojaöl, Sojalecithin und Ähnliches werden in 20 000 bis 30 000 Produkten der Lebensmittelindustrie verwendet.

Doch wurde in der großindustriellen Sojaausbeutung beim Lebensmittel nicht Halt gemacht: **Sojabestandteile** finden sich in Autoreifen, Fahrradpedalen, Seife, Schmierfett, Klebstoffen, Farben, Lacken und Medikamenten. Allerdings sind die meisten modernen Sojaprodukte ohne großtechnische Anlagen, enormen Energieaufwand und immense ökologische Nachteile nicht denkbar.

Genmanipuliertes Soja

Konsequent weitergedacht, sind einige Wissenschaftler längst beim gentechnisch manipulierten Soja angelangt. Die Kennzeichnung genveränderter Produkte wurde in der EU zwar durchgesetzt, ist jedoch äußerst lückenhaft. Viele Verbraucher sind daher verunsichert, welche Produkte sie noch kaufen können, ohne dabei an genmanipuliertes Soja zu geraten. Gensoja im Tierfutter, das Gros der weltweiten Verwendung überhaupt, bedarf keinerlei Deklaration. Insofern wird über die konventionelle Fleisch- und Milchproduktion vielfach Gensoja verabreicht.

Gerade diese Ungewissheit beim Kauf von sojahaltigen Produkten aus konventionellem Anbau sollte eine Entscheidung für kontrolliert biologisch angebaute Lebensmittel nach sich ziehen. Die Hersteller solcher Produkte garantieren, sich gegen die Verwendung von genmanipuliertem Soja in ihren Lebensmitteln einzusetzen. Diese feste Zusage führt durchaus zu mehr Transparenz. Die meisten dieser Hersteller beziehen ihre Rohstoffe jetzt zu einem noch höheren Anteil aus Mitteleuropa oder sogar aus heimischem Anbau, sozusagen aus der Nachbarschaft. Die Kontakte zwischen Anbauern und Verarbeitern werden intensiver, der Zwischenhandel wird reduziert. Solche durchschaubaren Handelswege sind der beste Garant für gentechnisch unveränderte Produkte.

Einen wichtigen Beitrag zur Weiterentwicklung dieser Handelskette leistet der Verbraucher mit einer Entscheidung gegen Fertigware aus konventionellem Anbau und für gentechnisch unveränderte Produkte aus ökologischem Anbau.

Tofu

In alten Überlieferungen heißt es, dass weise Mönche und Schamanen, wenn sie außer Sonnenlicht und Morgentau einer dritten Speise bedürfen, Tofu bevorzugen. Von allen altbewährten Sojakreationen ist Tofu eindeutig die interessanteste und vielseitigste. Weil guter und natürlicher Tofu relativ neutral schmeckt, lässt sich aus ihm so viel machen. Egal, ob würzig oder süß: Tofu kann jede Geschmacksrichtung annehmen. Tofu ist die ideale Bereicherung für eine gesunde, vollwertige Ernährung. Er ist nicht nur Lebensmittel, sondern auch Heilmittel in der Schonkost und Krankendiät und eignet sich somit auch für Kleinkinder und alte Menschen. Wertvolles Eiweiß, wenig Fett und Kalorien, kein Cholesterin und Purin, wichtige Vitamine und Mineralstoffe, leichte Verdaulichkeit und besonders die einfache Zubereitung machen Tofu zu einem rundum gesunden Lebensmittel.

Sojamilch und Tofu sind *die* Alternativen zu allen tierischen Produkten. Diese Lebensmittel passen hervorragend in die Vollwert- und Naturkost, in die vegetarische und die vegane Küche. Kräuterquark ohne Quark, Rührei ohne Ei, Leberkäse ohne Leber und ohne Käse, paniertes »Schnitzel« ohne Fleisch, Tofukäsekuchen ohne Käse, Milchsuppe ohne Milch, Tofuburger statt Hamburger: Tofu macht es möglich. Eine 250-Gramm-Portion Tofu bringt dabei so viel verwertbares Protein auf den Teller wie ein 80-Gramm-Steak oder 125 Gramm Gehacktes, mehr als 50 Prozent der täglich empfohlenen Eiweißmenge, hat dabei aber vier- bis fünfmal weniger Kalorien und auch erheblich weniger Fett.

Aus der altüberlieferten Tofu-Gerüchteküche ist zu berichten, dass es Sojamilch am Hofe eines chinesischen Kaisers schon lange vor dem Tofu gab. Obwohl der Kaiser selbst ein begeisterter Koch gewesen sein soll, ließ er doch einmal eine Küchenhilfe an die frische, noch dampfende weiße Brühe. Prompt geschah es, dass versehentlich etwas Meersalz in die Sojamilch fiel. So kam es zum Ausflocken des Eiweißes, es bildete sich Molke und die Tofuflocken schwammen darin herum wie weiße Wolken. Nachdem sich der Kaiser beruhigt hatte, wurden die Flocken vorsichtig herausgeschöpft und gepresst. Das war die Geburtsstunde des Tofu.

Überall in den asiatischen Ländern entstanden im Laufe der Zeit kleine mittelständische Tofureien, die täglich frisch für den örtlichen Bedarf besten Tofu machten. Bis heute ist das traditionelle Tofuhandwerk eine weltweit vorbildhafte Möglichkeit für dezentrale, regionale und die Ressourcen schonende Produktionsweise zum Vorteil der Bevölkerung.

Zwar gab es in Amerika, seit es Chinatown gibt, auch Tofu, aber erst die Naturkostbewegung hat ihn bekannt gemacht. Später kam diese Welle über England und die Niederlande auch nach Deutschland. Seit Mitte der 1970er-Jahre »The Book of Tofu« von William Shurtleff und Akiko Aoyagi erschien, findet der Tofu auch bei uns immer mehr Beachtung. Inzwischen sind auch hierzulande einige Kochbücher über Tofu erschienen, es gibt Tofudiäten und Tofurezepte in Zeitschriften, Tofuwochen in Uni-Mensen und Tofukongresse, die von Industrieberatern organisiert werden. Und es gibt bei uns einige Hersteller von Biotofu und Biotofuprodukten, die tausende Tonnen Sojabohnen jährlich verarbeiten. Sie produzieren teils für ihre Region, teils aber auch für den überregionalen Vertrieb.
Die Kunst des Tofumachens ist bei vielen auch heute – trotz aller technischen Errungenschaften – ein handwerklicher Prozess geblieben, seit Generationen überliefert und leicht nachvollziehbar.
Die Tofuherstellung ist zudem äußerst ergiebig: Während für die »Produktion« von etwa einem Kilogramm Fleisch sieben bis zehn Kilogramm Sojabohnen verfüttert werden, wird für ein Kilogramm Tofu nur etwa ein halbes Kilogramm Sojabohnen benötigt. Dazu kommt noch ein beachtlicher Teil an Nebenprodukten, nämlich die Sojakleie (Okara), die als Pressrückstand von der Sojamilch zurückbleibt, und die Sojamolke, die beim Tofupressen anfällt. Die rohen Faserstoffe und andere Bestandteile der Sojabohne, die Blähungen verursachen können, werden durch die Tofuherstellung separiert oder unschädlich gemacht. Das ist auch der Grund, warum ausreichend lang gekochte ganze Sojabohnen nur zu etwa 70 Prozent verdaulich sind, Tofu aber zu mehr als 90 Prozent. Obendrein wird bei der Tofuherstellung noch erheblich weniger Kochenergie benötigt als beim Kochen der ganzen Bohnen.

Auch in der Tofubranche findet hierzulande und anderenorts eine zunehmende Konzentration statt, immer weniger Produzenten erbringen ständig wachsende Mengen. Obwohl die Produktionsmengen von hierzulande derzeit jährlich 15 000 bis 20 000 Tonnen Tofu in den nächsten Jahren weiter steigen düften, relativiert die folgende Gegenüberstellung doch diese Menge: Während ein Deutscher rein statistisch rund 54 Kilogramm Schweinefleisch im Jahr verbraucht, liegt der jährliche Verbrauch von Tofu bei sagenhaften 200 bis 300 Gramm pro Person, also rund 0,5 bis 0,8 Gramm pro Tag. Da zeigt sich noch genügend Platz nach oben, oder?

Warenkunde

Die Palette der essfertig zu kaufenden Produkte mit Tofu wird auch hierzulande immer größer, auch wenn Japan und die USA uns in dieser Hinsicht weit voraus sind. Dort gibt es puren weißen Tofu in verschiedenen Sorten, die sich vornehmlich in der Konsistenz unterscheiden.

Der fast puddingartig weiche Softtofu wird dementsprechend Silken- oder Seidentofu genannt. Feine Unterschiede gibt es bei neutralem, weißem Tofu auch je nach Herstellungsverfahren, ob im offenen oder geschlossenen Druckverfahren gekocht wird, und je nachdem, welches Gerinnungsmittel, welche Temperatur und welche Rührtechnik verwendet wurden. Kenner schmecken schnell heraus, um welche Art von Tofu es sich handelt, und viele schwören, der Selbstgemachte sei immer noch der Beste.

Weißen Naturtofu gibt es inzwischen in fast allen Bioläden und Reformhäusern, wenn auch in unterschiedlicher Qualität. Selbst in konventionellen Supermärkten finden sich Tofu und daraus kreierte Produkte. Tatsächlich hat sich die Produktpalette an Tofu und Produkten aus Tofu und Sojamilch in den letzten Jahren enorm erweitert.

Die Lieferanten der verschiedenen Tofu- und Sojamilchprodukte und damit die Angebote sind regional recht unterschiedlich. So gibt es beispielsweise Sojajoghurt, pur oder in verschiedenen Geschmacksrichtungen, der sich durchaus positiv vom »normalen« Joghurt aus Tiermilch abhebt, Sojaeis, diverse Tofubratlinge oder Tofufrikadellen, ob lose aus der Kühltheke oder im Vakuum, Kroketten und köstliche Tofupasteten, raffinierte Arten pikanten Aufschnitts aus Tofu sowie gefüllte Teigtaschen, Frühlingsrollen, Bolognese aus Tofu oder »Chili con Tofu« im Mehrwegglas, ebenso mancherlei würzige und süße Brotaufstriche aus Tofu. Auch Tofuquark, der eine Konsistenz wie Quark aus Tiermilch hat, ist erhältlich. Obendrein gibt es Sojamilch pur im Tetrapack und in der Ein-Liter-Pfandflasche, fertige Sojamilch-Mixgetränke und Soja-Kondensmilch, Soja-Sahne, die sich wie Sahne aus Tiermilch aufschlagen lässt, Tofumayonnaise und leckeren Vanillepudding und Schokoladenpudding aus Sojamilch.

Fast überall gibt es inzwischen auch Räuchertofu. Dieser ist sofort essbar, da er meist in Sojasauce mariniert wurde und durch den Räuchervorgang einen würzigen, rauchigen Geschmack annimmt. Guter Räuchertofu ist wirklich ein Gedicht und verblüffend leicht und schnell auf den Tisch zu zaubern. Konsequenterweise gibt es daher auch diverse Brotaufstriche mit Räuchertofu im Angebot, ebenso Tofuröllchen (um nicht zu sagen »Tofuwürstchen«), grob und fein, die kaum einen Wunsch mehr offen lassen.

Damit sind die Möglichkeiten von Tofu mit Sicherheit noch nicht erschöpft, und wir dürfen gespannt sein, welche Kreationen uns die Zukunft noch bieten wird.

So praktisch und schmackhaft die vielen Fertigprodukte aus Tofu und Sojamilch auch sein mögen, sollte nicht unerwähnt bleiben, dass beim Selbermachen dieser Produkte Kreativität und Abwechslung noch größer und die Kosten erheblich geringer sind, als wenn man die fertigen Produkte kauft. Und mit wachsender Routine geht das Selbermachen auch immer fixer von der Hand.

Meine Tofu-Geschichte

Nach über fünf Jahren therapeutischer Arbeit im Suchtkrankensektor wollte ich mich 1978 selbst wieder auf die Suche machen.

So besuchte ich kurz nach dem Umzug nach München ein Konzert einer US-amerikanischen Rockband, die von ihrer Kommune schwärmte, wo sie mit selbst gemachten Sojaprodukten ziemlich autark und vegan lebte. In ihrem selbst gedruckten Hippiekochbuch fand ich dann zum ersten Mal Tofu. Ein paar Monate zuvor erst Vegetarier geworden, leuchteten mir die Argumente, die auch das Elend der Tiere als Milchlieferanten mit in den Fokus holten, durchaus ein. Solch »radikale« Denkweisen schienen damals wie Außerirdische, die ungefragt in die Gewohnheitsgemütlichkeit einbrechen.

Wie der Zufall einem so zufällt, traf ich bereits kurz darauf in einem selbst organisierten Bürgerzentrum den ersten Tofumacher der Republik, einen älteren Sannyasin aus dem Bayerwald, der einmal pro Woche seinen Quellwassertofu in Klarsichtplastikbechern im Wasserbad in die ersten Münchner Bioläden karrte. Doch plötzlich, so war das seinerzeit, rief ihn der Guru nach Indien und ich war so frei, die Sache für ein Jahr zu übernehmen. Neugierig stürzte ich mich ins kalte Tofuwasser und in ein ungeahntes Vergnügen, das mich bis heute nicht mehr losgelassen hat.

Während Kochen bis dahin eher »Frauensache« war, kamen nun Talente zum Vorschein, von denen ich bisher keine Ahnung hatte. Die Kunst des Tofumachens erschloss sich mir durch die beständige Tätigkeit, durch Geduld und Beobachtung, Dampfwolken und Schweißtropfen. Mit damals selbst importierten kolumbianischen Maismühlen wurden die Bohnen, anfangs 10 bis 20 Kilogramm, per Hand durchgedreht. Für den Gerinnungsvorgang ließ ich extra ein Buchenholzfass zimmern, um der Tradition näherzukommen. Gepresst wurde in Lochgitterwannen mit Holzdeckeln, die per Schraubzwinge alle paar Minuten nachzuziehen waren, damit der Tofu fest werden konnte. Da war man bei 20 bis 30 Kilogramm Tagesportion schon leicht geschafft. Heute arbeitet man in großen Betrieben mit Tofu-Produktionsstraßen, wo im Tonnenbereich auf der einen Seite die eingeweichten Bohnen hinein und auf der anderen Seite die hydraulisch gepressten Tofublöcke heraus kommen und fertig in Portionen geschnitten ins Eiswasserbad fallen.

Zunächst verbreitete ich die Tofuidee durch Kochkurse, die landauf, landab stattfanden. Ab 1985 eröffnete ich im Raum Göttingen eine Tofuproduktion, wo zuletzt etwa 35 selbst kreierte Produkte auf Tofubasis produziert und vertrieben wurden. Später eröffnete ich zusätzlich ein vegetarisches Restaurant mit Tofukreationen direkt in Göttingen.

Seit der damaligen Zeit habe ich durch Partyservice, Seminar- und Reisebeköstigung viele tausend Menschen mit Tofu begeistert. Oft hörte ich, der Tofu hätte den Bekochten bis dato noch nie geschmeckt – bis sie ihn neu entdeckten. Solch freudige Überraschungen können Sie mit Hilfe der Rezepte in diesem Buch ebenfalls erleben. Es liegt an uns, aus jedem Tofublock nur das Beste zu machen. Was sonst?

Unbekannter Tofu

Kaum jemand der jüngeren Generation kann sich heute ein Leben ohne Handy und Internet vorstellen. Ähnlich mag es sich für manch einen Vegetarier oder Veganer mit dem Tofu verhalten. Dass die ersten Pioniere in Sachen Tofu hierzulande Ende der 1970er-Jahre, Anfang der 1980er-Jahre fast in die Nähe von Außerirdischen gerückt wurden, scheint eine Verschwörungsstory irgendwelcher Altfreaks zu sein, oder? Dabei können einige der alten Tofuhasen wirklich ein Lied davon singen, welche bürokratischen Steine uns in den Weg gelegt wurden, damit das, was nicht sein kann, auch nirgendwo auftaucht. Milch ohne Tier? Eine Art Frischkäse ohne Milch? Milchersatz aus Bohnen? Wie konnte das mit rechten Dingen zugehen? Und wie soll das Ding heißen? Torfu, nein, Doofu, ach so, Tofu! Genau! Und nicht Ufo! Eine Meisterprüfung zum staatlich anerkannten Tofumeister gibt es hierzulande bis heute noch nicht. Bernd Drosihn beschreibt in seinem Buch »Tofu. Vom skurrilen Kampf um ein unscheinbares Nahrungsmittel« ausführlich die Abgründe der Tofupioniere. Da mag man sich die Augen reiben, aber so war es damals in der grauen Tofuvorzeit in den kopfschüttelnden Instanzen der Obrigkeit. Wie gut, dass auch hier endlich ein Wandel sichtbar wird.

Tipps, Tricks und Nützliches

Bevor es mit den Rezepten losgeht, einige Tipps zu nützlichen Gerätschaften und empfehlenswerten Zutaten.

Geräte

Grundsätzlich eine wichtige Vorbedingung sind gute **Küchenutensilien**. Neben solchen »Selbstverständlichkeiten« wie guten Töpfen, zum Beispiel aus Edelstahl, stabilen und guten Messern, einem Wetzstahl und einem Schneebesen möchte ich besonders den **Apfelausstecher** hervorheben, das **Buntschneidemesser,** mit dem Gemüse und Tofu in wellige Scheiben geschnitten werden können, und das **Canneliermesser (Ziselierer)** zum streifigen Schälen von Gemüse, welches dann, in Scheiben geschnitten, wie eine Blume oder ein Stern aussieht. Ebenso ist eine **Spritztüte** mit verschiedenen glatten und gezackten Tüllen nützlich.

Einen Hand-Fleischwolf kann man mühelos in einen vielseitigen **»Gemüsewolf«** verwandeln, ideal zur Herstellung von Brotaufstrichen und Pasten, zur Zerkleinerung eingeweichter Trockenfrüchte, zur Resteumformung oder auch zum Mahlen der eingeweichten Bohnen für Sojamilch und Tofu.

Wenn Sie keine **Fritteuse** zur Hand haben, tut es auch ein guter Edelstahltopf. Mit gutem, ungehärtetem Pflanzenfett oder mit Öl wird er zur Hausfritteuse.

Mit einer **Küchenmaschine** lassen sich mit Hilfe verschiedener Einsatzscheiben und -messer im Handumdrehen Salate raspeln und Aufstriche, Dessertcremes und Tortenfüllungen pürieren. Der **Mixeraufsatz** macht im Nu Milchshakes, Mayonnaisen und dergleichen. Zudem sind solche Haushaltshelfer unerlässlich zum Pürieren der eingeweichten Sojabohnen bei der Herstellung von Sojamilch und Tofu.

Inzwischen gibt es im Handel auch verschiedene **Geräte zur Herstellung von Sojamilch** und anderer Pflanzenmilch. Diese Geräte mögen im Einzelfall hilfreich sein, ich persönlich bevorzuge dennoch den offenen Vorgang, wie er in diesem Buch erklärt wird. Dieser ist auf jeden Fall erlebnisintensiver.

Ein **Kartoffelstampfer** oder eine **Gabel** eignen sich zum Zerkrümeln von Tofu.

Rezeptzutaten

Eine große **Auswahl an Gewürzen** sollte Ihnen zur Verfügung stehen. Mit zwanzig bis dreißig verschiedenen Gewürzen haben Sie eine gute Grundlage. Ausgefallenere Gewürze und Gewürzmischungen wie Garam Masala und Kebabpaste, verschiedene Currysaucen und Chilisaucen gibt es nicht nur in asiatischen Läden, sondern vielfach auch in Bioläden, im Reformhaus oder im Supermarkt.

Gewürze und **Knoblauch,** besonders **Shoyu** und **frische Kräuter,** sollten einem Gericht möglichst ganz zum Schluss hinzugefügt werden. Besonders denjenigen, die noch nicht viel Kocherfahrung haben, aber eigentlich grundsätzlich, sei empfohlen, bei den Rezepten rechtzeitig abzuschmecken, weil die Angaben zu den Gewürzmengen vielfach nicht genau, sondern nur ungefähr sein können. Lieber rechtzeitig probieren und gegebenenfalls nachwürzen als zu viel des Guten.

Als **Süßungsmittel** kann je nach Vorliebe Vollrohrzucker, Roh-Rohrzucker, Zuckerrübensirup, Ahornsirup, Agavendicksaft, Apfeldicksaft oder Birnendicksaft verwendet werden. Auch mit Stevia *(Stevia rebaudiana)*, einer Pflanze mit hoher natürlicher Süßkraft, lassen sich viele Speisen süßen. Beachten Sie bei der Dosierung, dass sich die Süßungsmittel in ihrer Süßkraft stark unterscheiden.

Ganze **Getreidekörner** wie Reis, Weizen, Gerste, Grünkern, Hirse und andere können sofort in das mit Gemüsebrühe gewürzte Kochwasser gegeben werden. Auch vorheriges Einweichen (fünf bis sechs Stunden) ist sinnvoll und spart Energie und Zeit. Hirse, Buchweizen, Bulgur, Getreideschrot und Ähnliches sollten jedoch erst ins kochende Wasser gegeben werden, weil sie anderenfalls anbrennen könnten.

Die meisten Rezepte können auch **mit anderen Getreidekörnern, anderen Mehlen oder Flocken** hergestellt werden, als in den Rezepten jeweils angegeben ist, sodass sie auch bei Unverträglichkeiten oder Allergien, zum Beispiel bei Glutenunverträglichkeit oder Weizenallergie, entsprechend abgewandelt gut verträglich sein können. Wer eine Weizenallergie hat, isst den Tofu also zum Beispiel mit Hirse statt mit Weizen.

Es gibt große **Unterschiede zwischen den Tofuprodukten** der verschiedenen Hersteller inklusive des selbst hergestellten Tofu. Wer eine bestimmte Sorte nicht verträgt, könnte es das nächste Mal mit einer anderen Sorte versuchen, die möglicherweise besser verträglich ist.

Für alle der im Folgenden beschriebenen selbst hergestellten Sojaprodukte gilt, dass es sich bei ihnen ebenso wie bei vergleichbaren Tiermilchprodukten und Fleischprodukten um **leicht verderbliche Frischware** handelt, die deshalb auf möglichst durchgehende Kühlung angewiesen ist. Wird die Sojamilch zum Beispiel nach dem Frühstück zu lange im warmen Raum stehen gelassen, kann sie bis zum Abend schon dick geworden sein.

Gemüse – möglichst aus biologischem Anbau – sollte gut mit einer Gemüsebürste gereinigt werden. Das sparsam dosierte **Garwasser** wird aufbewahrt zur Weiterverwendung in Suppen, Saucen und Ähnlichem. Das Gemüse sollte noch bissfest sein. Das schont die Vitamine.

Trockenfrüchte, Trockenpilze und **getrocknete Algen** weicht man vor der Verwendung etwa 30 Minuten in wenig Wasser ein und lässt sie anschließend abtropfen oder wringt sie vorsichtig aus. Das Einweichwasser wird möglichst mitverwendet.

Seitan ist ebenso wie Tofu ein traditionelles, fernöstliches, eiweißreiches Lebensmittel. Es wird aus Weizenmehl gewonnen und mit Sojasauce, Gewürzen und Meeresalgen hergestellt. Seitan hat eine fleischähnliche Struktur, ist gesund und fettarm.

Tahin ist eine sehr kalziumreiche und nahrhafte Paste aus gemahlenen Sesamsamen, die nicht nur zu orientalischen Rezepten passt, sondern sich auch in vielen Suppen, Saucen, Brotaufstrichen oder pur verwenden lässt.

Gomasio ist gerösteter Sesam, der zusammen mit Salz vermahlen wird. Zum Würzen kann es vielseitig verwendet werden.

Hanf wird als THC-freier Samen verwendet. Für die Rezepte wird er angeröstet und möglichst fein vermahlen, zum Beispiel in der Kaffeemühle. Er ist in vielen Bioläden und in allen Hanfläden erhältlich.

Algen aus den Ozeanen sind mineralstoffreich und schmecken nach Meer. Es gibt diverse Sorten, meist in getrockneter Form, die vor der Verwendung eingeweicht und geschnitten werden.

Nigari ist ein Gerinnungsmittel zur Tofuherstellung, das aus Meersalz gewonnen wird. Nigari ist zum Beispiel im spezialisierten Versandhandel erhältlich (s. S. 170).

Agar-Agar aus Meeresalgen sowie **Pfeilwurzelmehl** und **Guarkernmehl** werden zum Andicken von Speisen verwendet. Sie sind in Bioläden und Reformhäusern erhältlich, inzwischen auch in gut sortierten Supermärkten.

Dem ach so beliebten »Butter-Feeling« nähert man sich in der veganen Küche ganz leicht mit **rein pflanzlicher Margarine** in Bioqualität.

Wichtige Hinweise zu den Rezepten

- Die angegebenen **Backzeiten** und **Backtemperaturen** beziehen sich auf einen vorgeheizten Elektobackofen mit Ober- und Unterhitze. Die Angaben sind lediglich als Richtwerte zu verstehen, denn die verschiedenen Herde unterscheiden sich mitunter sehr.

- Mit Hilfe der Hinweise auf **weitere Zutaten oder Variationen** können viele Rezepte abgewandelt werden. Auf diese Weise lässt sich die Rezeptauswahl beliebig erweitern.

- Die **Mengenangaben** beziehen sich auf vier Personen, wenn nicht anders angegeben. Je nach Appetit können die Portionen unterschiedlich ausfallen. Torten und Pasteten reichen für sieben, acht oder mehr Personen.

- Die **Mengenangaben für Gewürze und Süßungsmittel** sollten als grobe Anhaltswerte verstanden werden. Würzen und süßen Sie nach Ihrem eigenen Geschmack.

- Grundsätzlich werden bei allen Rezepten die Prinzipien der **naturbelassenen Vollwertkost** empfohlen, das heißt zum Beispiel die Verwendung von Vollkornmehl statt Weißmehl oder von Vollrohrzucker und Sirup statt raffiniertem, weißem Haushaltszucker.

Sojamilch selbst gemacht

Um Tofu herstellen zu können, benötigen Sie zunächst Sojamilch. Auch diese bildet schon die Grundlage für einige leckere Speisen und Getränke. Im Anschluss an die Beschreibung zur Herstellung von Sojamilch finden Sie daher einige Rezepte mit Sojamilch und dem Rückstandsprodukt Okara (ab S. 34).

Herstellung von Sojamilch

Auch wenn es Ihnen auf Dauer vielleicht zu mühsam erscheint, einmal sollten Sie Sojamilch und Tofu auf jeden Fall selbst gemacht haben. Wenn Sie der Familie, den Freunden und Gästen die neuen Tofuspeisen vorsetzen, können Sie aus eigener Erfahrung kompetent Auskunft geben.

Den »Wochenbedarf« schaffen Sie mit etwas Übung in gut 2 Stunden. Es ist ratsam, einen Teil als Sojamilch zu belassen und nur den anderen Teil zu Tofu weiterzuverarbeiten: So haben Sie gleich beides.

Sie brauchen:
1 kg trockene gelbe Sojabohnen
mindestens 3 l Einweichwasser
etwa 8 l Kochwasser
1 Sieb
1 großen Topf mit Deckel
  (12 – 14 l, möglichst aus Edelstahl)
1 Püriergerät, zum Beispiel einen
  Mixer, einen Rührstab, einen
  Gemüsewolf mit feinster
  Mahlscheibe, eine Handmühle
  oder eine Mohnmühle
  (nicht mit Steinmahlwerk)
2 – 3 größere Schüsseln
1 Messbecher
  mit etwas kaltem Wasser
1 Schöpfkelle
1 langstieligen Holzlöffel
1 Holzspatel
eventuell 1 Holzstäbchen
1 etwas kleineren Topf mit einem
  hineinpassenden Metallsieb
1 mittelfeines Tuch aus Leinen oder
  Baumwolle (etwa 65 × 65 cm)
genügend Platz in der Küche und
  genug Zeit, damit Sojamilch und
  Tofu auch gelingen und frisch
  bleiben
etwas Ruhe und innere Gelassenheit,
  besonders beim ersten Mal

Sojamilch selbst gemacht

So wird es gemacht:
10 – 12 Stunden vor der eigentlichen Herstellung der Sojamilch, am besten am Vorabend, die Bohnen im Wasser einweichen. Mit warmem Wasser ist die Einweichzeit etwas kürzer. Die Bohnen sollten mehr als doppelt so groß werden und sich leicht halbieren lassen.

Nun die Bohnen in das Sieb geben, Einweichwasser wegschütten und die Bohnen kurz mit kaltem Wasser abspülen.

Während das Kochwasser langsam erhitzt wird, die Bohnen so fein wie möglich pürieren, sodass keine festen Bohnenbestandteile mehr spürbar sind. Der »Fingertest« ist maßgebend, nicht der »Gaumentest«, denn noch ist die Masse ungenießbar. Je feiner das Püree ist, desto ergiebiger ist die Masse. Das Pürieren gelingt mit manchen Geräten nur, wenn beim Vermahlen heißes Wasser dazugegeben wird. Diese Wassermenge sollte dann von der Gesamtmenge abgezogen werden. Sieben Liter Kochwasser ergeben dickere, neun Liter dünnere Sojamilch.

Erst wenn das Wasser kocht, das gesamte Püree vorsichtig dazugeben. Dann die Masse unter häufigem Rühren zum Kochen bringen. Vorsicht, der Sud schäumt anfangs stark auf. Dabei auch am Boden rühren, damit sich der Brei nicht festsetzt. Damit nichts überkocht, sicherheitshalber rechtzeitig die Hitze reduzieren. Sollte der Schaum zu nah an den Topfrand kommen, kann das Überlaufen mit einem kleinen Schluck eingerührten Wassers verhindert werden. Daher ist es ratsam, etwas kaltes Wasser im Messbecher bereitstehen zu haben.

Nach einer Weile hat sich das Ganze eingeköchelt, bildet nur noch wenig Schaum und muss nur noch gelegentlich umgerührt werden. Insgesamt muss das Püree satte 20 Minuten kochen, bevor der Herd abgestellt wird.

Währenddessen den zweiten Topf mit dem Metallsieb bereitstellen. Das Tuch über das Sieb legen und den gekochten Sojabrei mit der Schöpfkelle nach und nach hineingeben. Schon ist die Sojamilch fertig, sie läuft jetzt durch das Sieb, im Tuch bleibt die faserige Sojakleie, das Okara, zurück. Durch etwas Nachhilfe mit dem Holzspatel, durch vorsichtiges Rühren und zuletzt durch das Zudrehen des Tuches zu einer Art Sack lässt sich noch viel Sojamilch auspressen. Wenn etwas vom Okara in die Flüssigkeit fällt, sollte alles noch einmal abgesiebt werden.

Den Teil, der als Sojamilch belassen werden soll, möglichst gleich in kalte, saubere Gefäße abfüllen, die Sojakleie in eine Schüssel geben.

Auf der heißen, frischen Sojamilch bildet sich Haut, weil das Öl der Milch hochsteigt. Diese Haut wird Yuba genannt und ist im Fernen Osten eine Delikatesse. Sie kann mit einem Holzstäbchen herausgeholt werden. Getrocknet und gewürzt ist sie

25

vielseitig verwendbar, zum Beispiel als Knabberei.

Gerade bei warmer Witterung sollte die Sojamilch schnell gekühlt werden: Den Milchbehälter in kaltes Wasser stellen und dieses eventuell mit Eiswürfeln versetzen. So hält sich die Milch im Kühlschrank später länger.

Auch alle Zwischenprodukte sollten schnell weiterverarbeitet oder kalt gestellt werden.

Aufbewahrung und Haltbarkeit

Schnell abgekühlte Sojamilch hält sich im Kühlschrank in einem geschlossenen Gefäß bis zu einer Woche, Sojajoghurt auch zwei Wochen. Später wird die Milch säuerlich, ähnlich wie gestockte Tiermilch, und bildet Molke. In diesem Zustand lässt sie sich immer noch für würzige Dressings, süßsaure Saucen und Ähnliches verwenden.

Wenn es draußen warm ist, sollte die Einweichzeit genauer eingehalten werden. Wenn sich Schaum auf dem Wasser bildet, ist es Zeit, die Bohnen weiterzuverarbeiten, denn dann hat der Gärungsprozess bereits begonnen.

Sojamilch und Politik

Allgemein gilt in Deutschland für Lebensmittel eine Mehrwertsteuer von 7 Prozent. Doch vor einigen Jahren überzeugte die Tiermilchwirtschaft die politischen Entscheidungsträger, gesetzlich festzusetzen, dass es sich bei pflanzlichen »Milchimitaten«, ob Sojamilch, Reismilch oder Hafermilch, nicht um Lebensmittel im herkömmlichen Sinne handelt. Deshalb gilt seit Juli 2007 für Sojamilch ein Mehrwertsteuersatz von 19 Prozent. Wen interessieren da schon all jene, die nicht etwa aus veganer Überzeugung, sondern »lediglich« aus gesundheitlichen Gründen keine Kuhmilch oder Kuhmilchprodukte vertragen. So kann die Lebensmittelsteuerpolitik zu einem Instrument werden, diejenigen Bürger zu strafen, die – aus welchen Gründen auch immer – keine Tierprodukte wünschen.

Rezepte mit Sojamilch

Nach der gesetzlichen Definition ist Milch ausschließlich tierischen Ursprungs, daher darf Sojamilch im Handel nicht unter der Bezeichnung »Milch« angeboten werden. »Sojadrink« oder »Sojamilk« sind deshalb die Begriffe, die auf Sojamilch-Fertigpackungen Verwendung finden.

Da Sojamilch einen geringeren Kalziumgehalt als Kuhmilch hat, wird sie für die Babyernährung weniger empfohlen. Wenn der Kalziumbedarf anderweitig, zum Beispiel mit Sesammus, gedeckt wird, ist sie jedoch je nach individueller Verträglichkeit auch als Babykost verwendbar.

Mühelos können aus Sojamilch sogar **Joghurt** und **Kefir** hergestellt werden. Im gut sortierten Reformhaus, Bioladen oder spezialisierten Versandhandel sind die Starterkulturen, die dafür benötigt werden, auch in veganer Qualität erhältlich. Joghurt und Kefir aus Sojamilch werden nicht so fest wie die entsprechenden Produkte aus Tiermilch, sind dafür aber frei von künstlichen Zusätzen. Die konventionelle Milchindustrie, die Milch in ihre Bestandteile trennt und diese anschließend gemäß den Produktanforderungen wieder rekombiniert, hat mit Natur meist nichts mehr zu tun. Weder Joghurt noch Kefir sind heute noch Naturprodukte, wenn in hochtechnischen Anlagen nur auf Masse gesetzt wird. Dagegen bleibt der selbst gemachte Sojajoghurt frei von allen künstlichen Zusätzen.

Sojajoghurt

Sojamilch
vegane Starterkulturen
für die Joghurtbereitung

Die frisch zubereitete Sojamilch auf 40 °C abkühlen lassen. Wenn bereits abgekühlte Milch verwendet wird, diese für eine halbe Minute kochen. In die 40 °C warme Sojamilch mit dem Schneebesen das Starterpulver gründlich einrühren, wie vom Hersteller angegeben. Saubere Gläser und Deckel in einem Topf mit Wasser kurz bis auf Kochtemperatur bringen und auf diese Weise sterilisieren. Die Sojamilch in die Gläser füllen und bei 35 – 40 °C 3 – 7 Stunden warm stellen. Der Joghurt ist fertig, wenn sich die Masse beim Schräghalten eines Glases leicht im Ganzen oder in mehreren Stücken lösen lässt. Wird fester Joghurt gewünscht, weniger Wasser oder mehr Bohnen für die Herstellung der Sojamilch verwenden.

Variationen:
- mit klein geschnittenen Früchten, Süßungsmittel nach Belieben und einer Prise Salz

- mit Nussmus

Sojakefir

Sojamilch
vegane Starterkulturen
　für die Kefirbereitung
　oder ein Kefirpilz

Das entsprechende Starterpulver gibt es im Reformhaus, im Bioladen oder im spezialisierten Versandhandel zu kaufen. Auch mit einem Kefirpilz kann der Sojakefir zubereitet werden. Der Vorgang ist der gleiche wie bei Sojajoghurt, nur eben mit anderem Starter beziehungsweise Kefirpilz.

Sojajoghurt und Sojakefir lassen sich etwa 10 Tage im Kühlschrank frischhalten.

Soja-Kondensmilch

200 ml Sojamilch
170 – 180 ml Öl
2 Prisen Salz
¼ TL heller Sirup oder anderes
　Süßungsmittel nach Belieben

Sojamilch in den Mixer geben und das Gerät einschalten. Dann die übrigen Zutaten dazugeben – fertig.

Die Soja-Kondensmilch ist gekühlt mindestens 3 – 4 Tage haltbar, danach ist sie noch für Suppen, Saucen und Ähnliches verwendbar.

Sojajoghurt-Frischkäse

Sojajoghurt
1 Baumwolltuch oder Leinentuch

Für Sojajoghurt-Frischkäse den Sojajoghurt in ein Leinentuch oder Baumwolltuch geben, dieses zusammenbinden und 30 – 60 Minuten zum Abtropfen aufhängen.

Körniger Sojajoghurt-Frischkäse

Sojajoghurt-Frischkäse
Salz

Für körnigen Sojajoghurt-Frischkäse den Sojajoghurt-Frischkäse in eine Schüssel geben, etwas Salz darüberstreuen und das Ganze vorsichtig verrühren. Der Sojajoghurt-Frischkäse flockt dann krümelig aus.

Pur, mit frischen Kräutern oder mit Gewürzen servieren.

Sojasauerrahm

500 g Sojajoghurt
2 – 3 EL Öl
1 – 2 EL Essig oder Zitronensaft
½ TL Salz
1 TL Sirup

Alle Zutaten mixen.

Sojasauerrahm-Buttermilch

200 ml Sojamilch
200 ml Öl
2 – 3 Prisen Salz
3 – 5 EL Zitronensaft
*   oder 2 – 4 EL Obstessig*
½ – 1 TL Sirup oder anderes
*   Süßungsmittel nach Belieben*

Sojamilch in den Mixer geben. Wenn der Mixer läuft, die übrigen Zutaten dazugeben. Anschließend abschmecken.

Herstellung von Milchshakes

Zunächst etwa die Hälfte der Sojamilch in den Mixer geben, dann Salz und die übrigen Zutaten des jeweiligen Rezeptes dazugeben. Alles gründlich im Mixer pürieren und erst dann die restliche Sojamilch einfüllen. Für eine cremigere Konsistenz können während des Mixvorgangs noch 1 – 2 EL Öl dazugegeben werden.

Wenn Zitronensaft oder andere Fruchtsäure dazukommt, führt das zu einer leichten Gerinnung. Am Boden des Glases bildet sich dann etwas Säureflüssigkeit. Daher vor dem Servieren nochmals kurz durchrühren.

Wenn der Milchshake nicht umgerührt wird, setzt sich unten mehr Flüssigkeit ab, und der Shake wird oben fester. Diese feste Masse ist köstlich leichter Sojaschaum, der zum Beispiel als Topping auf einem Dessert in verschiedenen Variationen serviert werden kann.

Birnen-Shake

400 g Birnen
500 – 600 ml Sojamilch
1 Prise Salz
etwa 100 g Birnendicksaft
1 Prise gemahlene Vanille
und / oder Zimtpulver

Birnen vierteln, entkernen und in Stücke schneiden. Den Milchshake anschließend mit allen Zutaten nach Grundrezept herstellen (s. S. 29).

Kiwi-Mandel-Shake

3 – 4 Kiwis
500 – 600 ml Sojamilch
1 Prise Salz
2 – 3 EL Sirup
2 EL Mandelmus
1 Prise gemahlene Vanille
und / oder Zimtpulver
Mandelblättchen zum Garnieren

Die Kiwis schälen und vierteln. Anschließend den Milchshake mit allen Zutaten nach Grundrezept herstellen (s. S. 29) und dabei das Obst mit Süßungsmittel, Mandelmus und Gewürzen erst mit der zweiten Hälfte der Sojamilch zur bereits gemixten Sojamilch geben. Mandelblättchen darüberstreuen.

Haselnuss-Shake

1 – 2 Äpfel
100 g Haselnussmus
  oder 80 – 90 g Haselnüsse
500 – 600 ml Sojamilch
1 Prise Salz
100 g Apfeldicksaft oder Sirup
½ TL Zimtpulver

Die Äpfel vierteln und entkernen. Werden ganze Haselnüsse verwendet, diese rösten und fein mahlen. Den Milchshake anschließend mit allen Zutaten nach Grundrezept herstellen (s. S. 29).

Erdbeer-Vanille-Shake

250 – 300 g frische Erdbeeren
  oder Erdbeerkonfitüre
500 – 600 ml Sojamilch
1 Prise Salz
100 g Sirup oder anderes
  Süßungsmittel nach Belieben
  (nur wenn frische Erdbeeren
  verwendet werden)
1 – 2 EL Öl
½ TL gemahlene Vanille
½ TL Zimtpulver nach Belieben

Die frischen Erdbeeren halbieren und anschließend den Milchshake mit allen Zutaten nach Grundrezept zu herstellen (s. S. 29).

Power-Shake

1 Orange
1 – 2 Äpfel
500 – 600 ml Sojamilch
1 Prise Salz
5 – 6 EL Sanddornsaft
2 – 4 EL Sirup oder Apfeldicksaft
2 EL Tahin
1 – 2 EL Öl

Die Orange schälen und in Stücke teilen, die Äpfel entkernen und vierteln. Anschließend den Milchshake mit allen Zutaten nach Grundrezept herstellen (s. S. 29) und dabei das Obst mit Saft, Süßungsmittel, Tahin und Öl erst mit der zweiten Hälfte der Sojamilch zur bereits gemixten Sojamilch geben.

Mokka-Shake

500 – 600 ml Sojamilch
1 Prise Salz
5 – 8 EL feines Apfelmus
2 – 4 EL Zuckerrübensirup
5 – 6 EL Öl
1 TL – 1 EL Nussmus nach Wahl
2 – 3 EL Instant-Getreidekaffeepulver
1 – 2 TL Kakaopulver
*   oder Carobpulver*
½ TL gemahlene Vanille
½ TL Zimtpulver
½ TL Ingwerpulver

Aus allen Zutaten nach Grundrezept einen Milchshake mixen (s. S. 29).

Ginger-Drink

1 Banane
1 – 2 Scheiben Ananas
*   oder ½ Orange nach Geschmack*
500 – 600 ml Sojamilch
1 Prise Salz
2 – 4 EL Sirup oder anderes
*   Süßungsmittel nach Belieben*
2 – 3 EL Öl
2 TL Erdnussmus
1 gestrichener TL Ingwerpulver
*   oder etwas weniger frisch*
*   geriebene Ingwerwurzel*
1 – 2 Prisen gemahlener
*   Kreuzkümmel*

Die Banane und gegebenenfalls die Orange schälen und das Obst in Stücke schneiden. Anschließend den Milchshake mit allen Zutaten nach Grundrezept herstellen (s. S. 29) und dabei das Obst mit Süßungsmittel, Öl, Erdnussmus und Gewürzen erst mit der zweiten Hälfte der Sojamilch zur bereits gemixten Sojamilch geben.

Variation:
- mit Zitronensaft, 1 Prise Pfeffer oder 1 EL Tahin

Liebesmilch

200 g frische Früchte nach Wahl
400 – 500 ml Sojamilch
2 – 4 EL Sirup oder anderes
*   Süßungsmittel nach Belieben*
2 Tropfen gutes Rosenöl
1 – 2 Tropfen Ylang Ylang
1 Prise gemahlene Vanille
1 Prise Zimtpulver
1 Prise frisch geriebener Muskat

Früchte je nach Art schälen, entkernen und eventuell grob zerkleinern. Anschließend den Milchshake mit allen Zutaten nach Grundrezept herstellen (s. S. 29) und dabei das Obst mit Süßungsmittel, Ölen und Gewürzen erst mit der zweiten Hälfte der Sojamilch zur bereits gemixten Sojamilch geben.

Variation:
- statt der Früchte 1 gehäuften EL Cashewnussmus und 1 EL Mandelmus sowie 1 EL geröstete Kokosflocken dazugeben

Gemüse-Shake

200 – 250 g Gemüse nach Wahl
500 – 750 ml Sojamilch
Shoyu
Miso
Gemüsegarwasser (falls vorhanden)
frische Kräuter und Gewürze
*   nach Belieben*
Tahin zum Abschmecken
*   nach Belieben*

Das Gemüse kann roh oder vorgegart sein. Gegebenenfalls das Gemüse putzen, schälen, entkernen und in Stücke schneiden. Anschließend den Milchshake mit allen Zutaten nach Grundrezept herstellen (s. S. 29).

Jay

500 ml Wasser
1 – 2 TL Darjeelingteeblätter
¼ TL Ingwerpulver
¼ TL Zimtpulver
¼ TL gemahlener Kardamom
500 ml Sojamilch
2 – 4 EL Sirup oder Vollrohrzucker
1 – 2 Tropfen Minzöl oder Melissenöl nach Belieben

Das Wasser aufkochen, dann die Teeblätter, Ingwer, Zimt und Kardamom dazugeben. Nach 1 Minute die Sojamilch mit den übrigen Zutaten dazugeben und zwei- bis dreimal kurz aufkochen lassen. Etwa 2 Minuten ziehen lassen, Teeblätter absieben und den Jay abschmecken. Heiß servieren.

Variation:
- Darjeelingtee durch Kräutertee ersetzen

Ideen für weitere Sojamilchshakes

Nach dem Grundrezept können Sie verschiedenste Milchshakes zaubern, zum Beispiel:

- Dattel-Shake
- Aprikosen-Shake
- Himbeer-Schokoladen-Stachelbeer-Shake
- Brombeer-Kirsch-Pistazien-Shake
- Johannisbeer-Nuss-Pflaumen-Shake
- Mango-Feigen-Shake
- Cashewnuss-Pflaumen-Shake
- Feigen-Vanille-Shake
- Schokoladen-Pfirsich-Shake
- Mandelmus-Bananen-Shake

Rezepte für Okara

Sojakleie oder Okara – die faserigen Krümel, die bei der Sojamilchzubereitung anfallen – sollten möglichst nur frisch verwendet werden. Okara lässt sich aber auch trocknen und dadurch haltbar machen.

Zur besseren Verträglichkeit kann Okara zusätzlich noch gedämpft oder mit wenig Wasser 10 Minuten gekocht werden. Aber Vorsicht, es brennt leicht an!

Eine Hand voll Okara passt in viele Suppen und Saucen, in jede Bratlingsmischung, in Keksteige und Kuchenteige. Einer Gesamtzutatenmenge von etwa 1 kg können 150 – 200 g Sojakleie beigefügt werden, das entspricht 15 bis 20 Prozent der Gesamtmenge. Bei Bratlingen ist es empfehlenswert, zunächst einen Probebratling zu machen, um Teigfestigkeit und Gewürzmenge zu testen.

Okara-Reibekuchen

1,2 kg Kartoffeln
200 g Okara
200 g Weizenschrot oder Reisschrot
3 EL Sojamehl
1 EL Hefeflocken
1 TL Salz
½ TL frisch gemahlener Pfeffer
½ TL Currypulver
Majoran
Kümmelsamen
Öl zum Braten

Die Kartoffeln schälen, reiben und gut mit den übrigen Zutaten, bis auf das Öl zum Braten, verrühren. Den Teig etwa 10 Minuten ruhen lassen, dann kleine dünne Reibekuchen daraus formen und diese beidseitig im heißen Öl ausbacken, bis sie schön knusprig und braun sind.

Variationen:
- mit geriebenem Sellerie
- mit geriebenen Möhren
- mit 1 – 2 EL Tahin
- mit gehacktem Knoblauch
- mit gehackten Pilzen
- mit frisch gehackten Kräutern

Okara-Crunchy

150 – 200 g Okara
150 – 200 g feine Haferflocken,
  Hirseflocken, Reisflocken
  oder 4-Korn-Flocken
3 – 5 EL Kokosflocken
1 – 2 EL Sonnenblumenkerne
1 EL Leinsamen
2 – 4 EL Sirup
Zimtpulver nach Belieben

Das Okara zunächst in einer heißen Pfanne unter Rühren trocknen und dann allmählich die übrigen Zutaten und zuletzt den Sirup hineinrühren. 5 – 10 Minuten auf kleiner Flamme rösten, dabei ständig rühren. Nach Geschmack mit etwas Zimt abschmecken.

> Okara-Crunchy kann zum Müsli gereicht oder für unterwegs zum Knabbern mitgenommen werden.

Okara-Gomasio

150 – 200 g Okara
3 – 4 EL Gomasio
Currypulver, Paprikapulver, frisch
  gemahlener Pfeffer, Ingwerpulver
  oder frisch geriebener Muskat
  nach Belieben

Okara in einer heißen Pfanne ohne Öl unter häufigem Rühren trocknen, dann Gomasio und Gewürze hinzugeben und diese Mischung anschließend trocknen lassen.

Variation:
- sowohl zu Okara-Gomasio als auch zu Okara-Crunchy passen mittelfein bis grob gemahlene Hanfsamen

> Bewahren Sie Okara-Gomasio als Streuwürze im Glas auf.

Okara-Granola

1 – 2 Tassen Okara
1 – 2 Tassen Müsli

Das Okara in einer trockenen Pfanne unter Rühren trocknen und mit dem Müsli mischen.

Diese Mischung wie Müsli mit Fruchtsaft, Sojamilch oder Sojamilchshake mischen und servieren.

Tofu selbst gemacht

Ausgangssubstanz für die Herstellung von Tofu ist Sojamilch.
Die Herstellung der Sojamilch ist ab Seite 24 beschrieben.

**Sie brauchen für
etwa 2 kg Tofu:**
*Sojamilch aus 1 kg Sojabohnen
(das entspricht 7 – 9 l Sojamilch)
etwa 250 ml Wasser
15 – 18 g Nigari
1 großen Topf mit Deckel
(12 – 14 l, möglichst aus Edelstahl)
1 kleinen Topf
1 mittelfeines Tuch aus Leinen oder
Baumwolle (etwa 65 × 65 cm)
1 Tasse
1 Tofu-Presskasten
oder 1 stabiles Sieb und ein
Gewicht (zum Beispiel ein mit
Wasser gefülltes Einmachglas
oder eiserne Waagengewichte)*

Aus jedem Kilogramm trockener Sojabohnen entstehen bis zu zwei Kilogramm Tofu. Sie können natürlich auch mit einer kleineren Menge anfangen.

So wird es gemacht:
Die Sojamilch sollte frisch verwendet oder wieder erhitzt werden, denn sie sollte so heiß wie möglich sein, aber nicht kochen. Daher am besten den großen Topf mit der Sojamilch nochmals kurz erhitzen. Den kleinen Topf mit dem Wasser ebenfalls erhitzen. Darin das Nigari auflösen.

Dann die heiße Nigariflüssigkeit in drei etwa gleich großen Teilen im Zeitabstand von jeweils etwa 5 Minuten behutsam in die heiße Sojamilch einrühren, zwischendurch den Deckel auflegen.

Nach dem zweiten Einrühren beginnt die Flüssigkeit zu gerinnen, aber erst nach dem dritten Mal trennt sich die Flüssigkeit in Eiweißflocken und Molke. Diese Sojamolke ist gelblich wie Apfelsaft und sollte eher klar als trüb sein, sodass die »göttlichen Wolken«, aus denen der Tofu entsteht, beim sanften Herumschwimmen beobachtet werden können.

Jetzt kommt das kurz abgewaschene Tuch, mit dem zuvor die Kleie abgetrennt und gepresst wurde, über den Topf mit den Eiweißflocken und der Molke und wird eventuell mit Wäscheklammern befestigt. Mit einer Tasse lässt sich jetzt die Molke weitgehend abschöpfen, ohne dass ein

Krümel Tofu verloren geht. Dafür mit Hilfe der Tasse das Tuch in die Molke drücken, sodass sie durch das Tuch kommt und abgeschöpft werden kann.

Zuletzt wird das Tuch mit der Unterseite nach oben in den bereitstehenden Tofu-Presskasten oder das stabile Sieb gehängt und die Tofuflocken mit dem Rest der Molke hineingegeben. Das Tuch wird über den Tofuflocken gut verschlossen und mit Deckel und Gewicht beschwert.

Der Tofu ist, je nach gewünschter Festigkeit und je nach Gewicht, in 15 – 30 Minuten fertig.

Das sollten Sie noch beachten:
Nehmen Sie so wenig **Nigari** wie möglich, denn das aus Meersalz gewonnene Bittersalz Nigari (Magnesiumchlorid) macht den Tofu bereits bei geringer Überdosierung bitter. Das Gleiche gilt für Essig und Zitronensaft, die ebenfalls als Gerinnungsmittel empfohlen werden. In Tofufabriken wird oft Kalziumsulfat (die raffinierte Form von Gips) verwendet, das leichter und schneller zu verarbeiten ist als Nigari und – durch mehr Wassergehalt im Endprodukt – höhere Erträge bringt. Nach der japanischen Tradition gilt Nigari aber als das optimale Mittel für neutralen und schnittfesten Frischtofu.

Die **Molke** eignet sich entweder für Suppen und Saucen oder sogar als Reinigungsmittel und für Kosmetik, im eigenen Haushalt kostengünstig und ohne Tierversuche hergestellt und biologisch vollständig abbaubar. Die Lecithinrückstände machen die Molke zu einem idealen Mittel zum Reinigen der Schüsseln und Töpfe. Auch als Badezusatz, als Haarwaschmittel oder als Bodylotion wird sie wegen ihrer angenehmen Konsistenz gerne verwendet.

Die **Nebenprodukte,** die bei der Tofuherstellung anfallen, haben auch gewisse Nachteile. Da Tofu verträglicher und leichter verdaulich ist als die ganzen Bohnen, müssen die schwerer verdaulichen Bestandteile wie Oligosaccharide im Okara und in der Molke stecken. Okara kann zwar als Hilfsmittel bei schlechter Verdauung wirken, aber auch starke Blähungen verursachen. Daher sei beim Genuss von Okaraprodukten zur Vorsicht geraten (Rezepte ab S. 34).

Mit einem **Tofu-Presskasten** lässt sich guter, blockartiger Tofu herstellen. Beim Kauf eines solchen Kastens ist auf Qualität und Haltbarkeit zu achten. Ein Metallkasten ist einem Holzkasten vorzuziehen. Deckel und Gewicht sollten so gewählt werden, dass sich der Druck gleichmäßig bis in die Ecken verteilen kann. Der Tofu kann aber auch in einem Haushaltssieb gepresst werden. Als Gewichte können zum Beispiel ein mit Wasser gefülltes Einmachglas, ein Stein oder eiserne Waagengewichte, die hin und wieder auf dem Flohmarkt erhältlich sind, dienen.

Aufbewahrung und Haltbarkeit

Frischer Tofu kann gekühlt, im kalten Wasser gelagert werden. Wird das Wasser, das den Tofublock immer vollständig bedecken sollte, täglich gewechselt und der Tofu in den Kühlschrank gestellt, hält er sich eine gute Woche.

Gründe, wenn Tofu nicht gelingt

- Die Sojabohnen sind zu alt (älter als ein bis anderthalb Jahre). Dadurch sinkt der Eiweißgehalt und damit stark der Ertrag.

- Die Sojamilch ist schon zu sehr abgekühlt und gerinnt daher schlecht.

- Die Nigarilösung ist zu konzentriert oder wurde zu schnell oder zu grob eingerührt. Dadurch wird die Molke trüb und bitter, der Ertrag ist gering, und der Tofu hat eine krümelige Struktur.

- Die eingeweichten Bohnen sind nicht fein genug vermahlen, dadurch ist der Ertrag gering.

Grundrezepte: Tofuvariationen

Wer Tofu fertig kauft, hat die Wahl zwischen den angebotenen Sorten. Wer aber Zeit und Muße hat, Tofu selbst herzustellen, und daran auch nach dem ersten und zweiten Mal noch Gefallen findet, hat eine noch viel größere Auswahl.

Tofu ist nicht gleich Tofu. Der selbst gemachte Tofu ist nicht nur der beste, sondern auch der abwechslungsreichste. Selbst vom puren weißen Tofu gibt es verschiedene Variationen, je nachdem, in welchem Stadium er »geerntet« wird.

Weißer Tofu

Nachdem der Sojaquark in das Tuch eingehüllt ist und Deckel und Gewicht auf ihm liegen, ist für die Festigkeit des Tofu ausschlaggebend, wie lange er sich in dem Kasten befindet. Wird er nach etwa 10 Minuten aus dem Kasten genommen, ist er noch relativ weich.

Wenn die Molke fast gänzlich abgeschöpft ist und die Masse schon seit einigen Minuten im Tuch über dem Sieb abgetropft ist, ist die Ausbeute am größten. Der Tofu wird in diesem Stadium Seidentofu genannt. Die Konsistenz ist dann der von Quark oder Pudding ähnlich. In diesem Zustand kann der Tofu, auch mit verschiedenen Zutaten, ob herzhaft oder süß, bereits verzehrt werden.

Fester Tofu benötigt die längste Zeit im Presskasten. Weil er weniger Wasser enthält, hat er den höchsten prozentualen Eiweißgehalt.

Herzhafte Variationen:
- mit 1 – 2 EL Shoyu, 1 Prise frisch gemahlenem Pfeffer und / oder Currypulver

- zusätzlich mit 1 – 2 EL gehackter Petersilie, gehacktem Dill, Schnittlauch und Knoblauch

- mit 1 – 2 EL Hefeflocken, Paprikapulver und gemahlenem Kreuzkümmel als »Kräuterquark«, als Brotaufstrich, als Zugabe in der Suppe oder im Salat oder zu Pellkartoffeln, Vollkornnudeln und Vollkornreis

Süße Variationen:
- mit 1 – 2 EL Sirup und 1 – 2 EL fein geschnittener Früchte wie Erdbeeren, Pfirsichen, Kirschen und nach Belieben 1 Prise gemahlener Vanille und / oder Zimtpulver

- mit 1 – 2 EL Nussmus und / oder Apfelkompott als Dessert oder zum Obstsalat

- als Grundlage für Dressings, Cremespeisen und ähnliche Gerichte
- als helles Topping für Suppen und Ähnliches

Tofuquark

Mühelos lässt sich aus jedem festen weißen Tofu auch Tofuquark herstellen. Der Tofu wird dafür einfach gut zerkrümelt und mit etwas Sojamilch oder Wasser und ganz wenig Öl mit dem Rührstab gerührt, bis er die entsprechende Konsistenz hat.

Gewürzter Tofu

Gewürzte Tofusorten entstehen durch Zugabe verschiedener Zutaten vor dem endgültigen Pressen. Diese werden hinzugefügt, wenn die Molke fast komplett abgeschöpft und abgetropft ist. Es darf nur wenig Salz dazugegeben werden, da zu viel Salz durch seine Wasserbindefähigkeit das Festwerden des Tofu verhindert.

Die jeweiligen Zutaten werden vorsichtig, aber gründlich unter den Tofu gerührt, diese Mischung ins Tuch und in den Presskasten gegeben und mit Hilfe eines Gewichts fest gepresst. Die gewürzten Tofusorten brauchen gewöhnlich etwas mehr Zeit oder mehr Gewicht für eine gute Festigkeit.

Die angegebenen Zutatenmengen beziehen sich auf etwa 1 kg Ausgangsmasse vor dem Pressen.

Kräutertofu
4 – 6 EL frische, fein geschnittene Kräuter wie Petersilie, Dill, Schnittlauch
2 gestrichene EL Kräutersalz

Nusstofu
4 – 6 EL geröstete,
*   grob gehackte Haselnüsse*
1 EL Salz
1 EL Hefeflocken
nach Belieben:
- *1 vorgegarte, fein gehackte rote Zwiebel*
- *Currypulver*
- *frisch gemahlener Pfeffer*
- *Paprikapulver*

Roter Tofu
7 – 8 EL fein gehackte Rote Bete
eventuell etwas Rote-Bete-Saft
1 TL – 1 EL frisch geriebener Meerrettich
Salz
2 – 3 EL geröstete Sonnenblumenkerne nach Belieben
Gewürze nach Belieben

Gemüsetofu
5 – 6 EL fein geraspelte Möhren
1 EL fein gehackter Rotkohl
1 EL Hefeflocken
1 gestrichener EL Kräutersalz
1 – 2 Prisen frisch gemahlener Pfeffer

Pilztofu

5 – 6 EL fein geschnittene und kurz
  angedünstete Champignons
1 fein gehackte Zwiebel
Kräutersalz
frisch gemahlener Pfeffer
frisch geriebener Muskat

Algentofu

3 – 5 EL kurz in warmem Wasser
  eingeweichte, fein geschnittene
  Meeresalgen
  (zum Beispiel Hijikialgen)
1 EL Salz
Gewürze nach Belieben

Sprossentofu

5 – 8 EL Sprossen von Luzerne,
  Radieschen oder Linsen
Kräutersalz
Gewürze nach Belieben

Mischtofu

insgesamt 6 – 8 EL kurz in warmem
  Wasser eingeweichte, fein
  geschnittene Meeresalgen,
  gehackte Nüsse, fein geschnittene
  frische Kräuter, Sprossen,
  fein geschnittene Zwiebeln
  nach Belieben

Marinierter Tofu

Zum Einlegen von Tofuscheiben, Tofustreifen oder Tofuwürfeln eignen sich alle Arten von Marinaden. Wenn es mal schnell gehen soll, wird die Marinade konzentriert verwendet, sonst wird sie mit Wasser oder einer anderen Flüssigkeit verdünnt. Die in den folgenden Marinaderezepten angegebenen Konzentrationen beziehen sich auf eine Zeit von 30 – 50 Minuten zum Durchziehen, nach Geschmack auch länger.

Jede Marinade lässt sich zur nochmaligen Verwendung gut im Kühlschrank aufbewahren. Sie sollte vor dem Einlegen der nächsten Portion Tofu dann durch Absieben von Tofuresten befreit sein. Jede Marinade kann auch als Grundlage für Suppen oder Saucen Verwendung finden (siehe auch ab S. 60 und ab S. 66).

Zur Herstellung der Marinaden werden die jeweiligen Zutaten gründlich gemischt.

Grundrezepte: Tofuvariationen

**Currymarinade
oder Paprikamarinade**
*200 ml Shoyu
100 ml Wasser
½ TL Currypulver oder Paprikapulver*

Senf-Koriander-Marinade
*200 ml Shoyu
100 ml Wasser
1 TL Senf
1 TL gemahlener Koriander*

Hefe-Knoblauch-Marinade
*200 ml Shoyu
100 ml Wasser
1 – 2 EL Hefeflocken
1 – 2 geschälte und fein gehackte
   Knoblauchzehen*

Algenmarinade
*200 ml Shoyu
100 ml Wasser
2 getrocknete Algenblätter
   (Arame oder Kombu) in die
   Flüssigkeit legen – ergibt einen
   Geschmack nach Meer
Gewürze nach Belieben*

Rotweinmarinade
*200 ml Shoyu
50 ml Wasser
50 ml Rotwein
   oder alkoholfreier Rotwein
1 – 2 EL Sauerbratengewürz*

Kokos-Zimt-Marinade
*200 ml Shoyu
100 ml Wasser
4 – 6 EL Kokosmilch
½ TL Zimtpulver*

Süßsaure Marinade
*200 ml Shoyu
100 ml Wasser
1 EL Essig
½ EL Sirup*

**Zitronenmarinade
oder Orangenmarinade**
*200 ml Shoyu
100 ml Wasser
1 – 2 EL Zitronensaft
   oder Orangensaft*

Ingwermarinade
*200 ml Shoyu
100 ml Wasser
½ TL frisch geriebene Ingwerwurzel*

Gefrorener Tofu

Tofu lässt sich auch einige Zeit einfrieren. Dabei ändert sich sowohl die Struktur als auch die Farbe. Er wird porös, ähnlich wie ein Schwamm, und leicht gelblich bis hellbraun. Nach dem Auftauen sollte er zunächst gut ausgepresst werden. Dann kann er in größere Würfel, Scheiben oder Streifen geschnitten und für einige Minuten in eine Marinade nach Wahl gelegt werden (s. nebenstehende Seite). Wichtig ist hierbei, eine mildere Marinade zu verwenden, da dieser Tofu viel mehr aufsaugt als frischer Tofu, oder die Scheiben nach dem Marinieren wieder vorsichtig auszupressen. Anschließend kann der Tofu mit verschiedenen Zutaten gebraten werden.

Räuchertofu

Räuchertofu kann man meist auch dort kaufen, wo es weißen Tofu gibt. Wer Tofu selbst räuchern möchte, braucht eine Räuchervorrichtung. Besonders auf dem Lande werden oftmals Räucherschränke gebraucht und günstig angeboten, die an einen Kamin angeschlossen werden.

Empfehlenswert ist es, zuvor marinierte Tofublöcke für Räuchertofu zu verwenden (marinierter Tofu ab S. 41). Die Stücke sollten abtropfen, bevor sie auf den Gitterrost in den Räucherschrank kommen. Die »Feuerstelle« wird mit feinem Buchensägemehl, getrockneten Wacholderbeeren und Rosmarinnadeln ausgelegt. Zum Anzünden benutzt man Papier und dünnes Anmachholz, das einige Minuten brennen muss, bis genügend Glut entstanden ist. Der entstehende Rauch ist fast kalt und muss 10–12 Stunden in der geschlossenen Kammer auf die Tofustücke einwirken. Der Rauch zieht zum Kaminloch hinaus. Diese Methode nennt sich schonende Kalträucherung.

Während zum Beispiel Wurst und Schinken oft tagelang im Rauch hängen, sind es beim Tofu nur einige Stunden. Insofern sind gesundheitsschädliche Stoffe, die während des Räucherprozesses im Räuchergut entstehen können wie Benzpyrene, im geräucherten Tofu in erheblich geringeren Mengen enthalten als in üblichen geräucherten Fleischprodukten.

Grundrezepte: Tofuzubereitungen

Tofuschlagsahne

170 – 200 g Tofu
120 ml Sojamilch
100 ml Öl
2 EL Vollrohrzucker, heller Sirup
 oder Apfeldicksaft
1 – 2 EL Zitronensaft
1 Prise Salz

Den Tofu zerkrümeln, mit den übrigen Zutaten cremig mixen und kalt stellen.

Variationen:
- mit gemahlener Vanille und / oder Zimtpulver verfeinern

- mit Kirschsaft für eine rote Version

- mit 1 TL Carobpulver oder Kakaopulver und / oder 1 TL Nussmus

> Auf den Tupfer aus der Spritztüte kann noch eine Oliven- oder Radieschenscheibe oder ein Zweiglein Dill hochkant hineingesteckt werden.

Süßer Spritztütentofu

250 g Tofu
100 g weiche und warme
 Pflanzenmargarine
75 – 100 ml Sojamilch
etwa 3 EL Apfeldicksaft
1 EL Süßungsmittel nach Belieben
1 Prise Salz
1 Prise gemahlene Vanille

Den Tofu gut zerkrümeln und gründlich mit den übrigen Zutaten cremig mixen. In eine Spritztüte füllen. Vor der Verwendung kalt stellen.

Pikanter Spritztütentofu

Für 20 Portionen:
100 g reine Pflanzenmargarine
400 g cremiger Aufstrich nach Wahl
 (wie Nuss-Paprika-Aufstrich,
 S. 107 oder Orient-Paste, S. 109)
Gewürze nach Belieben

Die Margarine erwärmen, bis sie flüssig ist, und mit dem Aufstrich verrühren. Anschließend abschmecken und gegebenenfalls etwas nachwürzen. Die Masse in eine Spritztüte füllen und kalt stellen. Nach 20 – 30 Minuten kann die Masse verwendet werden: auf cannelierte Rettichscheiben, Gurkenscheiben oder Pumpernickel gespritzt, als Füllung zum Beispiel für kleine Pilze oder auch als Verzierung für kalte Platten.

Tofu-Crème-fraîche

170 – 200 g Tofu
120 ml Sojamilch
100 ml Öl
½ TL Salz
½ TL Süßungsmittel nach Belieben
1 – 2 EL Zitronensaft

Den Tofu zerkrümeln und mit den übrigen Zutaten cremig mixen. Anschließend sofort kalt stellen.

Äußerst vielseitig einsetzbar und erheblich »leichter« hinsichtlich des Kaloriengehaltes als viele nichtvegane Varianten.

Tofu-Spezialwürfel

300 g Räuchertofu
Öl zum Braten
frisch gemahlener Pfeffer
  oder andere Gewürze
  nach Belieben

Den Tofu in ganz kleine Würfel schneiden, im heißen Öl schön kross braten und eventuell mit Pfeffer oder anderen Gewürzen abschmecken.

Auf diese Art gebratener Tofu passt zum Beispiel ausgezeichnet zum Rührtofu, zu Erbsen oder Linsen.

Variation:
- **Tofustreifen** oder **Tofudreiecke:** den Tofu erst in etwa 1 cm dicke Scheiben schneiden und diese dann diagonal durchschneiden

Tofucroûtons

250 – 300 g Tofuwürfel
  oder Tofu-Spezialwürfel
  (s. untenstehendes Rezept)
  Marinade nach Wahl (s. S. 42)
2 EL Vollkornpaniermehl
1 EL Sojamehl
Salz
frisch gemahlener Pfeffer
Gemüsegarwasser oder Sojamilch
Öl zum Braten

Die Tofuwürfel in einer Marinade nach Wahl marinieren. Eine Flüssigpanade aus Paniermehl, Sojamehl, Gewürzen und Flüssigkeit herstellen, die Tofuwürfel oder Tofu-Spezialwürfel darin verrühren, wieder herausnehmen und im heißen Öl knusprig ausbacken.

Die Croûtons können zu Suppen und Salaten serviert oder als Partysnack gereicht werden.

Tofubratschnitten

Tofu
Marinade nach Wahl (s. S. 42)
Fett zum Frittieren
*   oder Öl zum Braten*

Mit einem Buntschneidemesser den Tofu in dünne und längliche, gewellte Scheiben schneiden. In einer Marinade nach Wahl marinieren, abtropfen lassen und 4 – 5 Minuten im heißen Fett frittieren oder im heißen Öl beidseitig goldbraun braten.

> Gekühlt halten sich die Tofubratschnitten einige Tage. Sie schmecken auch kalt, zum Beispiel mit Senf oder Tomatensauce, oder können für die weitere Verwendung in Streifen oder Dreiecke geschnitten werden.

Grilltofu

Holzspieße
weißer Tofu
Marinade nach Wahl (s. S. 42)

Die Holzspieße einige Minuten in Wasser legen. Den Tofu in 2 – 3 cm große Würfel schneiden, in einer Marinade nach Wahl marinieren und abtropfen lassen. Dann auf die Holzspieße stecken und 3 – 4 Minuten grillen.

Tofufiguren

fester weißer Tofu
Marinade nach Wahl (s. S. 42)
Fett zum Frittieren
*   oder pikante Sauce nach Wahl*
*   (ab S. 60)*

Feste Tofublöcke in 0,5 – 1 cm dünne Scheiben schneiden und diese flach hinlegen. In den gewünschten Formen ausstechen (Stern, Tanne, Pilz, Kleeblatt, Herz, Vogel ...) und anschließend in einer Marinade nach Wahl marinieren. Die Tofufiguren vorsichtig aus der Marinade holen und im heißen Fett 3 – 4 Minuten frittieren oder in der Pfanne mit einer pikanten Sauce zubereiten (s. auch Kindermenü S. 83 und Partysnacks ab S. 118).

Wie wäre es zum Beispiel mit einer frischen Tomatensuppe mit ausgestochenem und frittiertem Tofuhuhn?

Rührtofu

300 – 400 g Tofu
frische Kräuter
Knoblauch nach Belieben
Öl zum Braten
etwa 200 ml Gemüsebrühe
  oder Wasser
2 – 3 EL Shoyu oder Kräutersalz
Majoran nach Belieben

Den Tofu gut zerkrümeln, die Kräuter hacken, gegebenenfalls den Knoblauch schälen und fein schneiden. Das Öl erhitzen, die Tofukrümel dazugeben und öfters wenden. Die übrigen Zutaten einrühren und abschmecken.

Variationen:

- **gelb** wie Rührei wird der Rührtofu mit je 1 gestrichenen TL Currypulver und Kurkuma; eventuell noch mit 1 TL Hefeflocken und Pfeffer, Estragon und weiteren Kräutern würzen und mit jungen Erbsen, roten und grünen Paprikawürfeln oder mit Tofu-Spezialwürfeln garnieren

- **rot** wird der Rührtofu mit Tomatenmark, Paprikapaste und Shoyu

- **grün** wird der Rührtofu mit püriertem Spinat und gehackten Kräutern

- **blau** wird der Rührtofu mit gegartem Blaukraut, das püriert und eingerührt wird

Tofutatar

100 g rote Kidneybohnen
Wasser zum Kochen der Bohnen
100 g Rote Bete
1 – 2 Zwiebeln
100 – 200 g geräucherter
  oder marinierter Tofu
Gewürze nach Belieben

Die Bohnen im Wasser zusammen mit der Roten Bete gar kochen, dann die Rote Bete würfeln. Zwiebel schälen und ebenfalls würfeln. Tofu zerkleinern, mit den übrigen Zutaten vermischen und durch den Gemüsewolf drehen.

> Als Dekoration auf Salatschalen, kalten Platten oder auf Gurken- oder Rettichscheiben verwenden (siehe auch Partysnacks ab S. 118) oder als Brotbelag.

Rohkost und Salate

Ob gebraten, mariniert oder frittiert, ob als Rührtofu oder im Urzustand: In jeder beliebigen Form passt Tofu in Salate und Rohkost. Er ist eine leckere Bereicherung und ergänzt, mit einem Tofudressing serviert, den Salat hervorragend. Das wird selbst »Salatmuffel« überzeugen.

Sprossensalat

100 g Tofu
Marinade nach Wahl (s. S. 42)
　oder Öl zum Braten
100 g Möhren, Kohlrabi, Sellerie
　oder Schwarzwurzeln
100 g Äpfel, Birnen
　oder blaue Weintrauben
100 g Radicchioblätter
　oder Lollo-Rosso-Blätter
100 g Radieschensprossen
100 g Luzernesprossen
　(Alfalfasprossen)
100 g grüne Linsensprossen
100 g Mungbohnensprossen
Salatblätter zum Garnieren

Für das Dressing:
300 g Dressing nach Wahl (ab S. 56)

Den Tofu in Würfel oder Streifen schneiden und anschließend marinieren oder braten. Das Gemüse raspeln, die Äpfel oder Birnen entkernen und würfeln beziehungsweise die Weintrauben ganz lassen oder halbieren. Die Salatblätter fein schneiden und sämtliche Salatzutaten miteinander vermischen. Salat mit einem Dressing nach Wahl mischen und auf ganzen Salatblättern dekoriert anrichten.

Sommersalat

4 Tomaten
1 Bund Radieschen
1 Gurke
1 Kohlrabi
150 g Tofutatar (s. S. 47)
100 g Feldsalat
1 Kopf Eichblattsalat

Für das Dressing:
1 Rezeptmenge beliebiges Dressing
　nach Wahl (ab S. 56)

Tomaten und Radieschen in Scheiben schneiden, die Gurke mit dem Canneliermesser streifig schälen und dann ebenfalls in Scheiben schneiden. Kohlrabi in dünne Stifte schneiden. Auf einer flachen Schale in der Mitte das Tofutatar anrichten und um dieses herum die Salatblätter und das Gemüse dekorieren. Mit einem Dressing nach Wahl servieren.

Rote-Bete-Salat

250 g Rote Bete
150 – 200 g Äpfel
1 – 2 Zwiebeln
50 – 100 g Sonnenblumenkerne
oder Erdnüsse
100 g gelber Rührtofu (s. S. 47)

Für das Dressing:
4 – 6 EL Öl
3 – 5 EL Zitronensaft
1 EL Vollrohrzucker
Salz oder Shoyu
1 EL frisch geriebener Meerrettich
und / oder frisch gemahlener
Pfeffer

Rote Bete raspeln, Äpfel ebenfalls raspeln oder fein würfeln, Zwiebeln schälen und fein hacken. Die Sonnenblumenkerne oder die Erdnüsse rösten. Rote Bete, Äpfel, Zwiebeln und Kerne gut miteinander vermischen. Aus Öl, Zitronensaft, Vollrohrzucker, Salz oder Shoyu und Meerrettich und / oder Pfeffer ein Dressing herstellen, mit dem Salat mischen und einige Minuten ziehen lassen. Den gelben Rührtofu dann um den Salat herum anrichten.

Variationen:
- mit untergerührten, gerösteten Kokosflocken

- mit Senf-Gurken-Dressing (s. S. 57) oder Kräuter-Meerrettich-Dressing (s. S. 57) und frisch gehacktem Dill

Selleriesalat

150 g Tofu
Marinade nach Wahl (s. S. 42)
300 g Knollensellerie
150 – 200 g Äpfel
etwas Selleriegrün
oder Schnittlauch
100 g Haselnüsse
1 – 2 EL Ringelblumenblütenblätter

Für das Dressing:
4 EL Öl
1 EL Zitronensaft
Salz
frisch gemahlener Pfeffer
Gewürze nach Belieben

Tofu würfeln und in einer Marinade nach Wahl marinieren. Knollensellerie und Äpfel raspeln, die Sellerieblätter in dünne Streifen schneiden oder den Schnittlauch hacken, Haselnüsse rösten und hacken. Sämtliche Zutaten vermischen und mit einem Dressing aus Öl, Zitronensaft, Salz, Pfeffer und nach Belieben Gewürzen abschmecken. Mit den Ringelblumenblüten dekorieren.

Variationen:
- als Gewürze Garam Masala, gemahlene Fenchelsamen und Thymian in das Dressing geben

- 1 – 2 EL fein geschnittene Melissenblätter in den Salat geben

- Orangenstückchen dazugeben

Wiesensalat

1 Hand voll Brennnesselblätter
1 Hand voll Huflattichblüten
 und / oder Huflattichblätter
1 Hand voll junge Löwenzahnblätter
1 EL Gänsefingerkraut
1 EL Sauerampfer
1 EL Kapuzinerkresse
1 EL frischer Estragon
1 EL frischer Liebstöckel
1 EL frischer Borretsch
1 EL frischer Kerbel
1 – 2 EL Sonnenblumenkerne
 oder Sesam
1 Hand voll Gänseblümchen
200 g roter oder gelber Rührtofu
 (s. S. 47)
4 große Salatblätter
4 schöne Stiefmütterchenblüten
 zum Garnieren

Für das Dressing:
4 – 5 EL Öl
4 – 5 EL Zitronensaft
1 TL Salz

Brennnesselblätter kurz mit heißem Wasser übergießen, abtropfen lassen und anschließend klein schneiden. Die Huflattichblüten oder -blätter und den Löwenzahn ebenfalls klein schneiden. Die Kräuter fein hacken und die Sonnenblumenkerne oder den Sesam rösten. Blätter, Kräuter, geröstete Samen und Gänseblümchen mit dem Rührtofu und den Zutaten für das Dressing gut vermischen. Jede Salatportion auf einem großen Salatblatt mit den Stiefmütterchenblüten garniert servieren.

Krautsalat

100 – 150 g Tofu
Öl zum Braten
150 g Rotkohl
150 g Weißkohl
150 – 200 g Äpfel
100 – 200 g Sauerkraut
100 g Radieschensprossen
100 g Feldsalat
100 g Radicchioblätter

Für das Dressing:
1 EL Essig
4 EL Öl
Gewürze nach Belieben

Den Tofu in Würfel oder Streifen schneiden und braten. Kohl fein schneiden und Äpfel raspeln. Tofu, Kohl und Äpfel mit den übrigen Zutaten, mit Ausnahme der Radicchioblätter, gut vermischen, mit den Zutaten für das Dressing würzen und abschmecken. Vier Salatschalen mit Radicchio auslegen und den Salat darin anrichten.

Inter-Salat

1 Gurke
300 g Erdbeeren
1 Orange
100 g schwarze Oliven
2 Möhren
50 – 100 g Cashewnüsse
100 g Sprossen nach Wahl
100 g Tofu-Spezialwürfel (s. S. 45)

Für das Dressing:
250 g indisches Erdnussdressing
(s. S. 59)

Die Gurke längs halbieren und anschließend in dünne Scheiben schneiden, Erdbeeren klein schneiden. Orange schälen und filetieren, Oliven entsteinen und halbieren, Möhren fein raspeln, Cashewnüsse grob hacken und rösten. Alle Zutaten mit den Sprossen und den Tofu-Spezialwürfeln mischen, das Dressing darübergeben und gut mischen.

Variationen:
- mit blauen Weintrauben statt Oliven

- mit Johannisbeeren oder Bananen statt Erdbeeren

- Möhrencreme (s. S. 58) als Dressing verwenden

Shanghai-Salat

1 Hand voll getrocknete
  chinesische Pilze
1 Hand voll getrocknete Kombualgen
Wasser zum Einweichen
  der Pilze und Algen
150 g Tofu
Marinade nach Wahl (s. S. 42)
  oder Öl zum Braten
  oder Fett zum Frittieren
300 g Chinakohl
100 – 150 g Bambussprossen
100 g geputze Ananas
100 g Mungbohnensprossen
100 g Erdnüsse
einige Salatblätter zum Anrichten

Für das Dressing:
150 – 200 g Senf-Gurken-Dressing
(s. S. 57)

Die chinesischen Pilze und die Kombualgen einweichen. Den Tofu in dünne Streifen schneiden, anschließend marinieren, braten oder frittieren. Eingeweichte Pilze, Kombualgen und Chinakohl ebenfalls in Streifen schneiden, Bambussprossen klein schneiden, Ananas würfeln, Erdnüsse halbieren oder grob hacken. Alle Salatzutaten vermischen. Das Dressing darübergeben und den Salat auf Salatblättern anrichten.

Bulgursalat

400 g Bulgur
Wasser zum Kochen des Bulgurs
1 rote Paprikaschote
1 grüne Paprikaschote
100 g Räuchertofu
1 – 2 Möhren
1 rote Zwiebel
2 Knoblauchzehen
1 – 2 EL Minzeblätter
1 – 2 EL Selleriegrün
  oder frische Kräuter
100 g Linsensprossen
  oder andere Sprossen
eventuell einige Lollo-Bianco-Blätter
  zum Anrichten

Für das Dressing:
150 – 200 g Tomatendressing
(s. S. 57)

Den Bulgur im Wasser garen. Währenddessen Paprika und Tofu würfeln und Möhren raspeln. Zwiebel und Knoblauch schälen und ebenso wie Minze und Selleriegrün oder Kräuter fein hacken. Alles mit dem Tomatendressing und den Sprossen vermischen, etwas ziehen lassen, abschmecken und servieren, beispielsweise auf Lollo-Bianco-Blättern.

Nudelsalat

400 – 500 g Vollkornnudeln
  (zum Beispiel Spirelli)
200 g Räuchertofu
1 grüne Paprikaschote
1 rote Paprikaschote
1 gelbe Paprikaschote
4 Tomaten
100 g Oliven
1 – 2 Zwiebeln
1 – 2 Knoblauchzehen
1 Hand voll frische Basilikumblätter

Für das Dressing:
150 – 200 g Tomatendressing
(s. S. 57)

Die Nudeln kochen und abkühlen lassen. Währenddessen den Räuchertofu, die Paprikaschoten und die Tomaten fein würfeln. Die Oliven entsteinen und fein hacken. Die Zwiebeln und den Knoblauch schälen und ebenso wie das Basilikum fein hacken. Alle Zutaten mit den gekochten Nudeln mischen und mit dem Dressing anrichten.

Variationen:

- mit Tofu-Spezialwürfeln (s. S. 45) und Tofunaise (s. S. 56)

- mit eingeweichten, in Streifen geschnittenen Meeresalgen, gegarten Zucchinischeiben und Kapern

Kartoffelsalat

500 g Kartoffeln
Kümmelsamen nach Belieben
Salz
200 g Tofu
Marinade nach Wahl (s. S. 42)
oder Öl zum Braten
oder Fett zum Frittieren
1 – 2 rote Zwiebeln
10 Radieschen
1 – 2 Gewürzgurken
1 Bund Petersilie oder je ½ Bund
Petersilie, Schnittlauch und Dill

Für das Dressing:
300 g Senf-Gurken-Dressing
(s. S. 57)
frisch gemahlener Pfeffer
Salz

Variationen:
- mit geraspelten Möhren, geraspeltem Rettich und Rotkohl
- mit 200 g Pilzpastete (s. S. 90)
- mit grünem Rührtofu (s. S. 47) und mit eingeweichten, gehackten Meeresalgen
- mit je 100 g Tofu-Spezialwürfeln (s. S. 45) und Radieschensprossen

Die Kartoffeln kochen, nach Geschmack etwas Kümmel ins gesalzene Kochwasser geben. Den Tofu in Würfel schneiden und marinieren, braten oder frittieren. Die gekochten Kartoffeln schälen und ebenfalls würfeln. Die Zwiebeln schälen und hacken, Radieschen fein schneiden, Gurken in Scheiben schneiden und die Kräuter fein hacken. Alles gut mit dem Senf-Gurken-Dressing vermischen, etwas ziehen lassen und mit Salz und Pfeffer abschmecken.

Mexikosalat

150 g würziger Tofu
Öl zum Braten
200 g Gemüsemaiskörner
150 g rote Kidneybohnen
Wasser zum Kochen der Bohnen
3 – 4 Tomaten
2 Paprikaschoten
2 – 3 EL Sesam
½ TL Chilipulver

Für das Dressing:
200 g Tomatendressing (s. S. 57)

Den Tofu würfeln und stark anbraten. Maiskörner und Kidneybohnen garen, Tomaten in Scheiben und Paprika in dünne Streifen schneiden. Sesam anrösten. Alle Zutaten mit dem Tomatendressing und Chilipulver vermischen und etwas ziehen lassen.

Variation:
- andere gekochte Bohnen oder gehackte Zwiebeln hinzufügen

Orientsalat

50 g Sonnenblumenkerne
50 g Kokosflocken
100 g getrocknete Feigen
Wasser zum Einweichen der Feigen
250 – 300 g Blumenkohl
200 g Räuchertofu
oder marinierter Tofu
2 – 3 Zwiebeln
1 Bund Petersilie
50 g Rosinen
1 – 2 EL Shoyu
1 TL gemahlener Koriander
1 TL Currypulver oder
½ TL frisch gemahlener Pfeffer
und / oder 1 TL gemahlener
Kreuzkümmel

Für das Dressing:
200 ml Soja-Kondensmilch (s. S. 27)
2 – 3 EL Zitronensaft

Sonnenblumenkerne und Kokosflocken rösten, Feigen einweichen und anschließend klein schneiden. Blumenkohl garen und ebenfalls klein schneiden. Tofu würfeln oder zerdrücken. Zwiebeln schälen und ebenso wie die Petersilie fein hacken. Alles mit Rosinen, Shoyu und den Gewürzen vermischen und das Dressing aus Soja-Kondensmilch und Zitronensaft unterheben.

Zu Gemüsepakoras (s. S. 78) servieren.

Variation:
- die Feigen durch getrocknete Datteln oder geraspelte Äpfel ersetzen

Dattel-Zwiebel-Salat

200 g getrocknete Datteln
Wasser zum Einweichen der Datteln
300 g rote oder weiße Zwiebeln
1 rote Paprikaschote
1 grüne Paprikaschote
1 gelbe Paprikaschote
100 g Tofu-Spezialwürfel (s. S. 45)
frisch gemahlener Pfeffer
Salz
gemahlener Koriander nach Belieben
gemahlener Kreuzkümmel
nach Belieben

Für das Dressing:
200 ml Soja-Kondensmilch (s. S. 27)
oder 200 g Blumenkohldressing
(s. S. 58)

Die Datteln entkernen, einweichen und anschließend fein hacken, die Zwiebeln schälen und ebenfalls fein hacken. Die Paprika würfeln oder in Streifen schneiden. Datteln, Zwiebeln und Paprika mit den Tofu-Spezialwürfeln, Pfeffer, Salz und nach Belieben den Gewürzen mischen und die Soja-Kondensmilch oder das Blumenkohldressing unterheben.

Variationen:
- mit gebratenem Pilztofu (s. S 41)
- mit gelbem oder rotem Rührtofu (s. S. 47)
- nur mit Öl und Zitronensaft als Dressing

Obstsalat

1 – 2 Äpfel
1 – 2 Birnen
2 Kiwis
1 Tasse Kirschen, Erdbeeren
oder Brombeeren
250 g Pflaumen, Bananen,
Pfirsiche, Aprikosen, Orangen,
je nach Angebot und Geschmack
1 Hand voll Rosinen

Für das Dressing:
250 – 300 g Dessertcreme nach Wahl
(ab S. 148)

Die Äpfel entkernen und würfeln, Birnen ebenfalls entkernen und würfeln oder in Scheiben schneiden. Kiwis schälen und in Scheiben schneiden, Kirschen entsteinen und größere Früchte würfeln. Die übrigen Früchte je nach Art entsteinen, schälen und klein schneiden. Alle Zutaten mit einer Dessertcreme nach Wahl vermischen und servieren.

Variationen:
- mit gehackten Nüssen, Kokosflocken oder geriebenen Minzeblättern verfeinern
- mit Stiefmütterchenblüten garnieren

> Als Füllung für Backäpfel, Backbirnen oder Ähnliches lässt sich der Obstsalat ebenfalls verwenden.

Dressings

Die Auswahl an Dressings mit Tofu und Sojamilch ist groß. Neben der Geschmacksrichtung können Sie sogar den Fettgehalt selbst wählen. Viele der herkömmlichen Mayonnaisen enthalten 50 bis 80 Prozent oder noch mehr Fett und dazu oft in weniger guter Qualität. Dagegen liegt der Fettgehalt der folgenden Dressings, Dips und Remouladen bei nur 15 bis 30 Prozent. Wenn Sie es gerne noch fettärmer haben möchten, verwenden Sie einfach etwas weniger Öl und etwas mehr Tofu als in den Rezepten angegeben.

Tofunaise

150 g Tofu
150 – 200 ml Sojamilch
50 ml Olivenöl oder anderes Öl,
nach Belieben auch mehr
2 – 3 EL Essig
1 gestrichener TL Salz
oder Kräutersalz
1 – 2 TL Gerstenmalzsirup
oder Vollrohrzucker
nach Belieben ½ TL Senf,
Currypulver, getrockneter Majoran,
getrockneter Thymian, frisch
geriebener Meerrettich oder
Ähnliches

Den Tofu zerdrücken, mit der Sojamilch mixen und während des Mixvorgangs die übrigen Zutaten hineingeben. So entsteht ein Grunddressing, das sich mit weiteren Zutaten beliebig variieren lässt.

Durch Kaltstellen vor dem Servieren steift das Dressing etwas nach. Fester wird es auch, wenn mehr Öl oder Tofu und weniger Sojamilch verwendet wird.

Variationen:
- mit Tahin
- mit gehacktem Basilikum
- mit eingeweichten Meeresalgen
- mit Peperoni und Tabasco
- **grün:** mit Spinat und Mangold
- **dunkelrot:** mit Roter Bete und Shoyu
- **gelb:** mit gelbem Rührtofu (s. S. 47) und Currypulver oder Kurkuma
- **Was-soll-weg-Dressing:**
  Mit der Tofunaise eine gegarte Kartoffel und rohe oder gekochte Gemüse nach Wahl, zum Beispiel Paprikaschoten und Zucchini, Wirsing und Sellerie und Ähnliches mitmixen. Auf diese Weise können Gemüsereste bestens verwertet werden.

Kräuterdressing

100 – 150 g Tofu
1 Knoblauchzehe
2 EL frische Petersilie
2 EL frischer Schnittlauch
1 EL frischer Dill
150 ml Sojamilch
50 ml Olivenöl
2 – 3 EL Apfelessig
1 TL Kräutersalz
2 TL Gerstenmalzsirup

Den Tofu zerkrümeln, den Knoblauch schälen und ebenso wie die Kräuter hacken. Alles zusammen cremig mixen.

Variationen:
- **Kräuter-Meerrettich-Dressing:** Zusätzlich 1 EL frisch geriebenen Meerrettich in das Dressing geben.

- **Brennnessel-Melissen-Dressing:** Statt frischer Kräuter je 1 – 2 Hand voll Brennnesselblätter und Melissenblätter klein schneiden und mitmixen (Brennnesselblätter vorher mit heißem Wasser übergießen); das Dressing mit Melissenblättern garnieren.

Tomatendressing

2 – 3 EL Tomatenmark
oder 2 – 3 frische Tomaten
250 g Tofunaise (s. S. 56)
1 – 2 EL frisch gehacktes Basilikum
1 gestrichener TL Salz
1 TL frischer Oregano
1 TL Kräuter der Provence

Wenn frische Tomaten verwendet werden, diese klein schneiden. Aus allen Zutaten ein Dressing mixen und abschmecken.

Senf-Gurken-Dressing

100 g Tofu
2 Senfgurken
frische Kräuter nach Belieben
100 ml Sojamilch
50 ml Olivenöl
2 – 3 EL Essig
2 TL Sirup
1 TL Senf
1 TL Kräutersalz

Den Tofu zerkrümeln und die Senfgurken klein schneiden. Die frischen Kräuter klein hacken. Tofu, Gurken und Kräuter mit allen übrigen Zutaten mixen.

Variation:
- **Senf-Meerrettich-Dressing:** Zusätzlich 1 EL frisch geriebenen Meerrettich, nach Geschmack auch mehr, dazugeben.

Blumenkohldressing

100 g Tofu
100 – 150 g gegarter Blumenkohl
150 – 200 ml Sojamilch
50 ml Olivenöl oder anderes Öl
2 – 3 EL Essig
1 – 2 TL Gerstenmalzsirup
1 gestrichener TL Salz
1 TL Currypulver nach Belieben
1 TL frisches Bohnenkraut
 nach Belieben

Den Tofu und den Blumenkohl klein schneiden. Aus allen Zutaten ein Dressing mixen.

Variation:
- **Lauchdressing:**
  Statt des Blumenkohls 100 – 150 g gegarten Lauch mitpürieren; eventuell mit 1 EL Hefeflocken und Senf nach Belieben abschmecken.

Möhrencreme

150 – 200 g Möhren
100 g Räuchertofu
100 ml Sojamilch
2 – 3 EL Öl
2 – 3 EL Zitronensaft
1 TL Salz
nach Belieben:
- *½ TL frisch gemahlener Pfeffer*
- *½ TL Paprikapulver*
- *½ TL Currypulver
  oder gemahlener Kreuzkümmel*
- *½ TL gemahlener Koriander*

Möhren garen, klein schneiden und mit den übrigen Zutaten mixen.

Variationen:
- 1 EL geröstete und gehackte Haselnüsse oder Mandeln dazugeben

- 1 – 2 entkerne Äpfel mitpürieren

Avocadodressing

1 große reife Avocado
1 Zwiebel
1 – 2 Knoblauchzehen
100 – 150 g Räuchertofu
200 ml Sojamilch
3 – 6 EL Zitronensaft
2 – 4 EL Öl
1 TL Senf
1 TL Sirup oder anderes
* Süßungsmittel nach Belieben*
1 EL Hefeflocken
1 TL Salz oder Miso
½ TL frisch gemahlener Pfeffer

Die Avocado schälen und den Kern entfernen. Die Zwiebel schälen und vierteln, die Knoblauchzehen schälen und halbieren. Den Räuchertofu zerkrümeln. Alle Zutaten cremig mixen, abschmecken, garnieren und bald servieren.

Auch als Brotaufstrich etwas wirklich Feines.

Indisches Erdnussdressing

1 Zwiebel
1 – 2 Knoblauchzehen
80 – 100 g Räuchertofu
Sojamilch nach Belieben
3 EL Erdnussmus
2 – 3 EL Shoyu
1 – 2 TL Sirup oder anderes
* Süßungsmittel nach Belieben*
1 EL Hefeflocken
1 gestrichener TL Currypulver
1 gestrichener TL gemahlener
* Kreuzkümmel*

Zwiebel schälen und vierteln, Knoblauch schälen und halbieren. Den Räuchertofu zerkrümeln. Alle Zutaten cremig mixen und abschmecken.

Saucen

Zu Kartoffelgerichten, zu Nudelgerichten, zu Getreide, als Ergänzung zu Bratlingen, zur Verfeinerung von Aufläufen, zum Dippen für Partysnacks und als Salatdressings: Saucen sind oft die Krönung einer Mahlzeit.

Grundsauce

Mit der Grundsauce als Basis können Sie beliebige Saucen durch Zugabe verschiedener Zutaten kreieren. Dabei können Sie natürlich über die hier angeführten Beispiele hinaus Ihre eigenen Kreationen schaffen.

100 g Tofu oder Räuchertofu
500 ml Wasser oder Gemüsebrühe
Shoyu oder Salz
1 – 2 EL Stärkemehl
   oder 3 – 4 EL
   feines Weizenvollkornmehl,
   Reismehl oder Maismehl
Kräuter und Gewürze nach
   Belieben

Den Tofu zerdrücken. Die Hälfte des Wassers oder der Gemüsebrühe zum Kochen bringen, die andere Hälfte mit dem zerdrückten Tofu und den übrigen Zutaten kurz pürieren und in die kochende Flüssigkeit einrühren. Einige Minuten unter gelegentlichem Rühren mit dem Schneebesen köcheln lassen und anschließend abschmecken. Für Variationen der Grundsauce, zum Beispiel nach einigen der folgenden Rezepte, werden die jeweiligen weiteren Zutaten mitpüriert.

Tofurahmsauce

1 EL reine Pflanzenmargarine
1 – 2 EL Tofu-Crème-fraîche (s. S. 45)
1 Rezeptmenge Grundsauce
   (s. nebenstehendes Rezept)
frisch gemahlener Pfeffer
   nach Belieben
frisch geriebener Muskat
   nach Belieben

Margarine und Tofu-Crème-fraîche zur Grundsauce geben und mit den Gewürzen abschmecken.

Senfsauce

1 – 2 Knoblauchzehen
2 – 3 EL Senf
frisch gemahlener Pfeffer
frisch geriebener Muskat
1 Rezeptmenge Grundsauce (s. S. 60)

Knoblauch schälen und fein hacken und mit dem Senf und den Gewürzen zur Grundsauce geben.

Pilzsauce

1 Zwiebel
1 – 2 Knoblauchzehen
50 g (oder mehr) Pilze
Öl zum Braten
1 EL Zitronensaft
1 Rezeptmenge Grundsauce (s. S. 60)
1 EL Hefeflocken
1 TL getrockneter Majoran
1 Prise frisch geriebener Muskat
1 Prise frisch gemahlener Pfeffer
1 Msp gemahlene Gewürznelken

Die Zwiebel und den Knoblauch schälen und fein hacken. Die Pilze klein schneiden. Zwiebeln, Knoblauch und Pilze im heißen Öl mit dem Zitronensaft glasig dünsten. Die Grundsauce nach Rezept herstellen, dabei die Zwiebel-Knoblauch-Pilz-Mischung mitpürieren. Dann die übrigen Zutaten dazugeben und abschmecken.

Hefesauce

1 Rezeptmenge Grundsauce (s. S. 60)
4 – 6 EL Hefeflocken
2 – 3 EL Maismehl
1 – 2 EL Shoyu
½ TL Senf
½ TL geschälter und gehackter Knoblauch
½ TL Currypulver

Alle Zutaten mischen und eine Sauce herstellen.

Variation:
- für die Grundsauce Tofu-Crème-fraîche statt Tofu und statt Wasser Sojamilch verwenden

> Geeignet für Vollkornpizza – statt Käse – oder zu Nudelgerichten.

Spinatsauce

1 Rezeptmenge Grundsauce (s. S. 60)
oder Pilzsauce
(s. nebenstehendes Rezept)
80 – 100 g Spinat
1 – 2 EL Hefeflocken
Senf nach Belieben
Currypulver, Thymian
oder gemahlener Koriander
nach Belieben

Die Grundsauce oder Pilzsauce nach Rezept zubereiten, dabei den Spinat mitpürieren. Mit Hefeflocken und Gewürzen abschmecken.

Kürbissauce

400 g Kürbis
1 EL Essig
1 EL Vollrohrzucker
1 TL körnige Gemüsebrühe
½ TL Ingwerpulver
½ TL frisch gemahlener Pfeffer
1 Msp gemahlene Gewürznelken
1 Msp frisch geriebener Muskat
1 Rezeptmenge Grundsauce
 ohne Stärkemehl (s. S. 60)

Kürbis in Stücke schneiden, entkernen und in wenig Wasser gar köcheln lassen. Anschließend mit den Gewürzen zur Grundsauce geben, pürieren und abschmecken.

Heiß oder kalt ein farbenfroher Genuss.

»Rühreisauce«

1 Rezeptmenge Grundsauce (s. S. 60)
100 g gelber Rührtofu
 oder weißer Tofu, mit etwas
 Currypulver und Kurkuma
 gelb gefärbt
2 – 3 EL Maismehl
1 – 2 EL Shoyu
1 – 2 EL Hefeflocken
1 – 2 EL Essig nach Belieben
Schnittlauch nach Belieben

Die Grundsauce mit gelbem Rührtofu oder gelbgefärbtem Tofu und Maismehl zubereiten. Shoyu, Hefeflocken und nach Belieben Essig, und Schnittlauch hinzufügen.

> Wenn Sie nur Currypulver zum Färben des Tofu verwenden, wird der Tofu zu scharf. Das können Sie vermeiden, indem Sie den Tofu mit einer Mischung aus Currypulver und Kurkuma färben. So wird der Tofu schön gelb und nicht zu scharf. Sie können statt Kurkuma auch Safran verwenden.

Tofu-Kokos-Sauce

*1 Rezeptmenge Grundsauce (s. S. 60)
mit 400 – 500 ml Kokosmilch
statt Wasser oder Gemüsebrühe
1 Msp Currypulver
und / oder Garam Masala
Salz
frisch gemahlener Pfeffer
nach Belieben*

Die Sauce wie die Grundsauce zubereiten, leicht andicken lassen, würzen und abschmecken.

Ideal zu asiatischen Tofugerichten aller Art.

Weitere Variationen der Grundsauce

Für die folgenden Variationen werden die jeweiligen Zutaten gegebenenfalls gegart, geschält, dann klein geschnitten und bei der Herstellung der Grundsauce mitpüriert. Gewürze werden anschließend in die Sauce gegeben.

- Grünkernschrot-Dill-Sauce
- Erdnuss-Kreuzkümmel-Knoblauch-Sauce
- Möhren-Schalotten-Sauce
- Zucchini-Brokkoli-Sauce
- Rotkohl-Apfel-Sauce
- Meerrettich-Algen-Sesam-Sauce
- Kräuter-Paprika-Auberginen-Sauce
- Lauch-Nuss-Apfel-Sauce
- scharfe Dattel-Zwiebel-Sauce mit geriebener Ingwerwurzel
- Walnuss-Oliven-Rettich-Sauce
- Fenchel-Dill-Sauce
- Curry-Bananen-Sauce
- Rote-Bete-Algen-Tahin-Sauce
- Kapern-Weißwein-Lorbeer-Sauce
- Tomatensauce mit gehacktem Schnittlauch und Hijikialgen

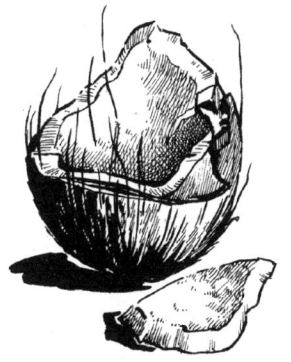

Sauce Hollandaise

1 Schalotte
1 EL Essig
1 EL trockener Weißwein
  oder alkoholfreier Weißwein
1 EL frische Petersilie
1 EL frischer Estragon
1 Lorbeerblatt
etwa 200 ml Wasser
50 g Tofu
50 g reine Pflanzenmargarine
etwa 200 ml Sojamilch
1 EL Stärkemehl
1 TL Sojamehl
½ TL frisch gemahlener weißer Pfeffer
1 Prise Salz
1 Prise frisch geriebener Muskat

Schalotte schälen und fein hacken. Dann mit Essig, Weißwein, Petersilie, Estragon, Lorbeerblatt und Wasser zum Kochen bringen und einige Minuten einköcheln lassen. Die Masse anschließend durch ein Sieb pressen. Die restlichen Zutaten fein pürieren und zum Kochen bringen. Schalottenflüssigkeit dazugeben, mit dem Schneebesen glatt unterrühren und abschmecken.

Jägersauce

100 g Räuchertofu
1 – 2 Knoblauchzehen
50 g Gurken
50 g Möhren
50 g Sellerie
100 g Champignons
1 saurer Apfel
250 ml Wasser oder Sojamilch
1 EL Weizenvollkornmehl
1 EL Stärkemehl
1 – 2 EL Tomatenmark
1 TL – 1 EL abgeriebene
  Orangenschale
1 EL Wacholderbeeren
1 Lorbeerblatt
2 – 4 EL Rotwein
  oder alkoholfreier Rotwein
2 – 3 EL Tofu-Crème-fraîche (s. S. 45)
nach Belieben:
- *Shoyu oder Salz*
- *frisch gemahlener Pfeffer*
- *Thymian und / oder Kerbel*

Räuchertofu gut zerkrümeln, den Knoblauch schälen und fein hacken, das Gemüse, die Champignons und den Apfel klein schneiden. Die Pilze dünsten. Etwa die Hälfte des Wassers oder der Sojamilch zum Kochen bringen. Das Gemüse, die Pilze, den Räuchertofu und den Apfel zusammen mit Vollkornmehl, Stärkemehl und Tomatenmark pürieren und in das Wasser oder die Sojamilch einrühren. Die Sauce etwas köcheln lassen. Mit Knoblauch, der Orangenschale, den Wacholderbeeren, dem Lorbeerblatt und dem Wein abschmecken und leicht einkochen lassen. Zuletzt durchsieben, die Tofu-Crème-fraîche einrühren und abschmecken.

Süßsaure Sauce

50 g Räuchertofu
1 Zwiebel
1 – 2 Knoblauchzehen
½ Orange
    oder 1 dicke Scheibe Ananas
500 ml Wasser oder Gemüsebrühe
2 – 3 EL Shoyu
1 – 2 EL Wein nach Belieben
1 – 2 EL Mango-Chutney
    oder süßsauer eingelegtes Gemüse
    nach Belieben
1 EL Sirup
1 EL Zitronensaft
1 – 2 EL Stärkemehl
1 TL frisch geriebene Ingwerwurzel
1 Prise frisch gemahlener Pfeffer

Den Räuchertofu zerkrümeln, Zwiebel und Knoblauch schälen und hacken, Orange schälen und in Schnitze teilen oder die Ananasscheibe klein schneiden. Das Wasser oder die Gemüsebrühe aufkochen lassen. Alle Zutaten pürieren, in die kochende Flüssigkeit geben und mit den Gewürzen abschmecken.

Tomatensauce

1 – 2 Knoblauchzehen
100 g Räuchertofu
500 ml Wasser
200 – 250 g Tomatenmark
1 – 2 EL Olivenöl
1 – 2 EL Senf
1 – 2 EL Shoyu
1 TL Sirup
1 – 2 EL Stärkemehl
1 – 2 EL Hefeextrakt
1 TL körnige Gemüsebrühe
½ TL frisch gemahlener Pfeffer

Den Knoblauch schälen und klein schneiden, den Tofu zerkleinern. Alle Zutaten cremig pürieren.

Suppen

In der folgenden kleinen Auswahl aus den unzähligen Möglichkeiten für Tofusuppen sind die Rezepte in zwei Gruppen unterteilt: Tofucremesuppen, bei denen pürierter oder zerdrückter Tofu die Basis bildet, und solche mit Tofu als Suppeneinlage.

Jede Suppe lässt sich zusätzlich mit etwas Pflanzenmargarine oder Öl verfeinern. Besonders gut eignet sich hierfür auch Soja-Kondensmilch (s. S. 27) oder Tofu-Crème-fraîche (s. S. 45), entweder als Klecks in die Mitte der Suppe gegeben oder, wenn diese schon auf dem Teller ist, spiralförmig eingerührt.

Grundrezept für Tofucremesuppe

1 l Wasser
1 gestrichener TL
   körnige Gemüsebrühe
   oder 1 – 2 EL Shoyu
200 g Tofu
1 gekochte Kartoffel
   oder 1 EL Stärkemehl
   oder 2 EL Reismehl
   oder Weizenvollkornmehl
Gewürze nach Belieben

Einen halben Liter Wasser mit Gemüsebrühe oder Shoyu erhitzen. Den Tofu zerdrücken und den anderen halben Liter Wasser mit dem Tofu und den übrigen Zutaten im Mixer cremig pürieren, dann ins kochende Wasser geben und unter Rühren mit dem Schneebesen einige Minuten köcheln lassen. Abschmecken und servieren.

Diese Grundsuppe lässt sich mit verschiedenen Zutaten beliebig variieren.

Möchten Sie noch ganze Gemüsestücke in der Suppe haben, so garen Sie diese von Anfang an im ersten Teil des Wassers mit Gemüsebrühe mit.

Tomatencremesuppe

1 Rezeptmenge Tofucremesuppe
   (s. nebenstehendes Rezept)
4 – 5 Tomaten
   oder 2 – 3 EL Tomatenmark
nach Belieben:
- *frischer Thymian*
- *frisches Basilikum*
- *frischer Majoran*
- *Kräuter der Provence*

Zubereitung der Tofucremesuppe nach Grundrezept, wobei entweder die Tomaten enthäutet und mitpüriert werden oder das Tomatenmark anschließend in die Suppe gerührt wird. Mit den Kräutern abschmecken.

Champignoncremesuppe

100 – 150 g Champignons
1 – 2 Zwiebeln
Öl zum Braten
2 EL Zitronensaft
1 Rezeptmenge Tofucremesuppe
(s. S. 66)
1 – 2 EL Shoyu
1 – 2 EL Hefeflocken
1 TL Majoran
1 Prise frisch gemahlener Pfeffer
nach Belieben:
- frisch geriebener Muskat
- Currypulver
- Ingwerpulver oder
  frisch geriebene Ingwerwurzel

Champignons klein schneiden, die Zwiebeln schälen und fein hacken, dann beides mit Öl und Zitronensaft andünsten. Die Tofucremesuppe nach Grundrezept herstellen und die gedünsteten Champignons mit den Zwiebeln zur Suppe geben, würzen und abschmecken.

Variation:
- angebratene Pilze und Zwiebeln bei der Herstellung der Tofucremesuppe mitpürieren

Möhrencremesuppe

1 Rezeptmenge Tofucremesuppe
(s. S. 66)
3 – 4 Möhren
1 – 2 EL Tahin
2 EL Öl
1 TL Miso
½ TL frisch gemahlener Pfeffer

Zubereitung der Tofucremesuppe nach dem Grundrezept. Dabei die Möhren im ersten Wasseranteil mitgaren, dann aus dem Wasser herausnehmen, klein schneiden und mit den übrigen Zutaten pürieren.

Zur Krönung: Pro Portion eine frittierte Tofufigur (s. S. 46).

Variationen:
- mit gemahlenem Kreuzkümmel, gerösteten Nussstücken und gerösteten Kokosflocken

- mit 1 – 2 Hand voll fein gehacktem Schnittlauch

Seitancremesuppe

*1 Rezeptmenge für eine der
   Tofucremesuppen (ab S. 66)*
250 g Seitan
1 Zwiebel
1 Knoblauchzehe
50 – 100 g Champignons
Öl zum Braten
*frisch gemahlener Pfeffer,
   Senf oder Gyrosgewürz
   nach Belieben*
eventuell gehackte Kräuter

Eine der Tofucremesuppen als Basis wählen und nach Rezept zubereiten. Seitan in dünne Streifen schneiden, Zwiebel und Knoblauch schälen und fein hacken und Pilze klein schneiden. Dann den Seitan mit Zwiebel, Knoblauch und Pilzen 3 – 5 Minuten anbraten, würzen und in die fertige Suppe geben. Nach Belieben mit gehackten Kräutern garnieren.

Variation:
- den weißen Tofu der gewählten Cremesuppe durch gelben, roten oder grünen Rührtofu ersetzen (s. S. 47)

Misosuppe

*1 – 2 EL getrocknete Hijikialgen
   oder Kombualgen*
Wasser zum Einweichen der Algen
1 l Wasser
2 Möhren
1 Stange Lauch
1 – 2 EL frische Petersilie
100 g Tofu beliebiger Art
1 – 2 EL Miso
*1 TL frisch gemahlener Pfeffer
   oder Currypulver*

Die Algen in Wasser einweichen und anschließend fein schneiden. Wasser erhitzen. Gemüse in 6 cm lange, sehr dünne Streifen schneiden, die Petersilie ebenfalls fein schneiden und den Tofu würfeln. Tofu, Gemüse, Algen, Miso und Gewürze in das Wasser geben. Nicht mehr kochen lassen.

Variationen:
- eine geschälte und fein gehackte Zwiebel in Öl anbraten, 2 – 3 EL gehackte Pilze dazugeben und dann zu den übrigen Zutaten in die Suppe geben

- mit anderen Gemüsesorten und Algensorten

- mit Getreide

Tofugulasch-Suppe

50 – 100 g Bohnen oder Erbsen
2 große Kartoffeln
2 – 3 Paprikaschoten
1 – 2 Zwiebeln
1 – 2 Knoblauchzehen
50 – 100 g Pilze
800 ml Wasser
1 gestrichener EL
  körnige Gemüsebrühe
nach Belieben:
- *frisch gemahlener Pfeffer*
- *Salz*
- *Paprikapulver*
- *frisch geriebener Muskat*
- *Oregano*
- *Thymian*
- *Estragon*
- *Bohnenkraut*

150 – 200 g gut angebratenes Tofuragout (s. S. 73)

Variationen:
- statt mit Kartoffeln mit Vollkornmehl oder Stärkemehl andicken

- statt des Tofuragouts frittierte Tofuwürfel, Tempeh- oder Seitanstückchen verwenden

- in Streifen geschnittenen Rotkohl, Spinat, Fenchel, Auberginen, Tomaten oder eingeweichte Meeresalgen hinzufügen

Gegebenenfalls die Bohnen putzen und in mundgerechte Stücke schneiden. Kartoffeln und Bohnen oder Erbsen kochen, die Kartoffeln anschließend schälen und zerdrücken. Die Paprika würfeln, die Zwiebeln und den Knoblauch schälen und fein hacken und die Pilze in Scheiben schneiden. Gemüse und Pilze mit dem Wasser, der Gemüsebrühe und den Gewürzen und Kräutern erhitzen, dann abschmecken. Zuletzt das Tofuragout einrühren.

Vom-Spaziergang-zurück-Suppe

100 – 200 g Tofu
Öl zum Braten
3 – 4 Kartoffeln
1 Hand voll Löwenzahnblätter
800 ml – 1 l Wasser
8 – 10 frische junge Brennnesseln
frische Gartenkresse
einige frische Minzeblätter
2 – 3 Holunderblütendolden
einige Borretsch-, Giersch,
   Ringelblumen- oder
   Gänseblümchenblüten
1 TL körnige Gemüsebrühe
   oder 1 EL Miso
1 TL Lavendelblüten
frisch gehackte Kräuter und Gewürze
   nach Belieben

Den Tofu würfeln oder in Scheiben schneiden und braten. Die Kartoffeln kochen, anschließend schälen und klein schneiden. Die Löwenzahnblätter klein schneiden. Das Wasser erhitzen und die Brennnesseln für 2 Minuten hineingeben, dann wieder herausnehmen. So können sie ohne Verbrennungsgefahr angefasst und klein geschnitten werden. Auch die frischen Kräuter klein schneiden. Die Blütchen von den Holunderblütendolden abzupfen und die anderen Blüten je nach Größe etwas zerkleinern. Die Kartoffel mit etwas Brennnesselblanchierwasser und Gemüsebrühe oder Miso pürieren. Kartoffeln in das restliche Kochwasser einrühren und einige Minuten köcheln lassen, vom Feuer nehmen und die restlichen Zutaten hineingeben. Nach Belieben mit weiteren frisch gehackten Kräutern und Gewürzen abschmecken und mit Knoblauch-Vollkornbaguette servieren.

Variation:
- einige Scheiben Sterntofu (s. S. 46) in die Suppe geben

Gemüsesuppe

1 – 2 Zwiebeln
100 g Rosenkohl
1 Möhre
1 Stück Sellerie
frischer Dill
frischer Schnittlauch
frischer Kerbel
1 l Wasser
1 gestrichener EL
   körnige Gemüsebrühe
Salz
frisch gemahlener Pfeffer
100 g Tofu

Zwiebeln schälen und fein hacken, den Rosenkohl halbieren, die Möhre in dünne Scheiben schneiden, Sellerie würfeln und die Kräuter hacken. Wasser mit Gemüsebrühe und Gemüse aufsetzen, 8 Minuten köcheln lassen, würzen und abschmecken. Den Tofu würfeln und zuletzt dazugeben. Das Gemüse darf ruhig noch etwas Biss haben.

Variation:
- mit gelbem Rührtofu (s. S. 47) als alternative »Eierstich«-Einlage

Grüne Tofusuppe

100 g Weizen
800 ml Wasser
100 g Räuchertofu
100 g Spinat oder Mangold
2 – 3 Knoblauchzehen
1 – 2 Zwiebeln
100 g gelbe Steckrüben
1 – 2 TL Senf
Salz oder Shoyu
1 Prise frisch gemahlener Pfeffer
1 Prise frisch geriebener Muskat
1 Prise Ingwerpulver

Zum Garnieren:
50 – 100 g Hanfsamen
100 g Tofu-Crème-fraîche (s. S. 45)
1 Hand voll Dahlienblüten
 und / oder Gänseblümchenblüten

Den Weizen einige Stunden im Wasser quellen lassen. Tofu zerkrümeln, Spinat oder Mangold klein schneiden, Zwiebeln und Knoblauch schälen und klein hacken, Steckrübe würfeln und die Hanfsamen zum Garnieren rösten. Das Wasser mit dem gequollenen Weizen zum Kochen bringen. Tofu mit Spinat oder Mangold, Steckrübe, Zwiebeln und Knoblauch, Senf und Salz oder Shoyu kurz pürieren und in das Wasser einrühren. Wenn der Weizen mit dem Gemüse nach etwa 15 Minuten gar ist, mit den Gewürzen abschmecken. In Suppenteller geben und mit den Hanfsamen, Tofu-Crème-fraîche und den Blumenblüten garnieren.

Süße Tofucremesuppe

500 ml Sojamilch
1 Prise Salz
3 – 4 EL Sirup oder anderes
 Süßungsmittel nach Belieben
200 g Tofu
500 ml Wasser
2 EL Stärkemehl,
 Weizenvollkornmehl oder Reismehl
Zimtpulver, gemahlene Vanille
 oder Ingwerpulver nach Belieben
1 – 2 EL Früchte nach Belieben

Sojamilch mit Salz und Sirup oder einem anderen Süßungsmittel erhitzen. Tofu zerdrücken und das Wasser mit dem Tofu und den übrigen Zutaten, mit Ausnahme der Früchte, im Mixer cremig pürieren. Dann in die kochende Sojamilch geben und unter gelegentlichem Rühren mit dem Schneebesen einige Minuten köcheln lassen. Die Früchte gegebenenfalls klein schneiden. Die fertige Suppe in Teller füllen und die Früchte darüber verteilen.

Variationen:
- mit gerösteten Kokosflocken oder gehackten Nüssen

- mit zerriebenen Melissenblättern oder Minzeblättern

- pro Teller spiralförmig 1 EL Mokka-Shake (s. S. 31) einrühren

Hauptgerichte

Tofu als Alternative für alle möglichen Fleischrezepturen kommt keineswegs nur als paniertes »Schnitzel«, für Bolognese oder Lasagne daher – was Tofu an Hauptgerichten zu bieten hat, geht weit darüber hinaus. Auch hierbei ist die Verwendung von Tofu äußerst vielseitig.

Ob Sie dazu Pellkartoffeln oder Salzkartoffeln, Vollkornnudeln, Hirse, Vollkornreis, anderes Getreide oder Gemüse anbieten, bleibt ganz Ihrem Geschmack überlassen.

Paniertes Tofuschnitzel

4 große Tofuscheiben,
 zum Beispiel 5 × 10 cm groß,
 1 cm dick
Marinade nach Wahl (s. S. 42)
2 Hand voll Vollkornpaniermehl
Currypulver
Paprikapulver
frisch gemahlener Pfeffer
Salz
1 – 2 EL Hefeflocken
Öl zum Braten

Zum Garnieren:
2 – 4 Tomaten
2 Zitronenscheiben
einige Salatblätter

Die Tofuscheiben marinieren. Das Paniermehl in eine Schüssel geben und mit etwas Currypulver, Paprikapulver, Pfeffer, Salz und den Hefeflocken würzen. Die Tofuscheiben beidseitig damit bestreuen und vorsichtig von beiden Seiten 2 – 4 Minuten im heißen Öl braten. Tomaten vierteln, Zitronenscheiben halbieren. Jede Tofuscheibe mit einer halben Zitronenscheibe und Tomatenvierteln auf einem Salatblatt servieren.

Variationen:
- sowohl die Trockenpanade aus diesem Rezept als auch die Flüssigpanade (s. S. 45, Tofucroûtons) zubereiten und die Tofuscheiben zuerst flüssig, dann trocken panieren und anschließend frittieren

- nach dem Marinieren die Scheiben durch eine Sauce nach Wahl ziehen, dann in Paniermehl wenden und beidseitig scharf anbraten

Tofugeschnetzeltes

400 g Tofu
Öl zum Braten
2 – 3 EL Weizenvollkornmehl
oder Reismehl
1 TL Paprikapulver
oder frisch gemahlener Pfeffer
½ TL Currypulver
½ TL Majoran
1 EL Hefeflocken
200 ml Wasser
1 TL körnige Gemüsebrühe
1 EL Essig oder 2 EL Weißwein
nach Belieben
2 – 3 EL Tofu-Crème-fraîche
(s. S. 45)

Den Tofu gut zerkrümeln und im heißen Öl anbraten, 1 – 2 EL Vollkornmehl, die Gewürze und Hefeflocken darüberstreuen und verrühren. Dann das Wasser mit der Gemüsebrühe und den Essig oder Weißwein dazugeben. Wenn diese Flüssigkeit nach etwa 3 Minuten etwas eingeköchelt ist, das restliche Vollkornmehl darüberstreuen und gut einrühren. Das Geschnetzelte wird fester, wenn es länger köchelt. Zuletzt die Tofu-Crème-fraîche einrühren.

Zu Salzkartoffeln oder Vollkornnudeln servieren.

Variation:
- 1 geschälte und gehackte Zwiebel und / oder 50 – 100 g klein geschnittene Champignons dazugeben

Tofuragout

1 Knoblauchzehe nach Belieben
300 g Tofu
Rotweinmarinade (s. S. 42)
nach Belieben:
- *Salz*
- *Paprikapulver*
- *frisch gemahlener Pfeffer*
- *gemahlener Koriander*
- *Currypulver*

Öl zum Braten
oder Fett zum Frittieren
etwas Zitronensaft

Den Knoblauch, falls verwendet, schälen und klein hacken. Tofu in etwa 1,5 cm große Würfel schneiden, die Würfel in der Rotweinmarinade zusammen mit den Gewürzen und dem Knoblauch marinieren. Nach etwa 30 Minuten abtropfen lassen und entweder im heißen Öl auf allen Seiten kross braten oder 3 – 4 Minuten im schwimmenden Fett frittieren (das geht schneller und ist einfacher). Auf Küchenpapier abtropfen lassen und servieren. Zuletzt noch mit etwas Zitronensaft beträufeln.

Variation:
- mit Senf-Koriander-Marinade (s. S. 42)

Tofuroulade

*4 große Kohl- oder Gemüseblätter
(Wirsing, Mangold oder Ähnliches)
Salz
200 ml Gemüsebrühe
1 TL Senf
1 TL Miso
1 TL Tomatenmark
1 Bund Petersilie oder Dill
200 g Tofu
Marinade nach Wahl (s. S. 42)
1 – 2 Zwiebeln
1 – 2 Knoblauchzehen
Öl zum Braten und für den Topf
200 g Getreideschrot
100 g Haferflocken oder Reisflocken
1 TL frisch gemahlener Pfeffer
oder Paprikapulver*

Die Gemüseblätter in Salzwasser etwa 5 Minuten vorgaren, die Strünke herausschneiden und die Blätter ausbreiten. Die Gemüsebrühe mit Senf, Miso und Tomatenmark verrühren. Die Kräuter hacken. Den Tofu marinieren und anschließend zerdrücken. Zwiebeln und Knoblauch schälen, klein schneiden und im heißen Öl anbraten, mit dem zerdrückten Tofu, dem Getreideschrot, den Hafer- oder Reisflocken, den Kräutern und Gewürzen vermischen. Je ein Viertel dieser Mischung auf die Mitte eines Gemüseblattes geben, dieses einrollen und gegebenenfalls mit einem Zahnstocher feststecken. In einen eingefetteten Bratentopf geben. Die gewürzte Gemüsebrühe dazugeben und 15 – 20 Minuten garen lassen.

Variation:
- Getreideschrot und Getreideflocken durch gekochte Hirse, gekochten Vollkornreis oder Bulgur ersetzen

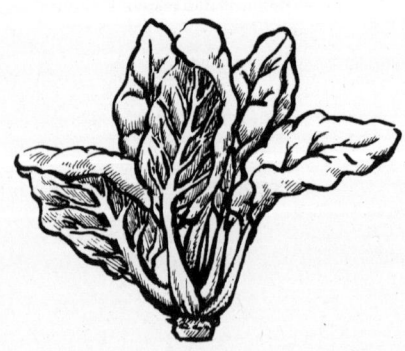

Sultans Satans-Tofu

300 – 400 g Tofu
Marinade nach Wahl (s. S. 42)
2 rote Zwiebeln
1 Aubergine
1 rote Paprikaschote
4 – 5 getrocknete Datteln
1 Orange
Öl zum Braten
1 – 2 EL Rosinen
1 gestrichener TL Kebabpaste
2 – 3 EL Shoyu
2 – 3 EL Zitronensaft
nach Belieben:
- *1 TL gemahlener Kreuzkümmel*
- *1 TL gemahlener Koriander*
- *1 TL Currypulver*
- *1 TL frisch gemahlener Pfeffer oder scharfes Paprikapulver*

Den Tofu in einer Marinade nach Wahl marinieren und anschließend fein würfeln oder zerkrümeln. Die Zwiebeln schälen und in Ringe schneiden, die Aubergine der Länge nach durchschneiden und in Scheiben schneiden, die Paprika entkernen und ebenfalls in Scheiben schneiden. Die Datteln entkernen und hacken, die Orange schälen, zerteilen und würfeln. Die Zwiebeln im heißen Öl anbraten, Auberginen und nach und nach alle übrigen Zutaten einrühren und zusammen braten.

Mit Basmatireis und süßsaurer Sauce (s. S. 65) servieren.

Chili con Tofu

150 g rote Bohnen
Wasser zum Kochen der Bohnen
400 g Tofu
3 – 4 Tomaten
1 große Zwiebel
1 – 2 Knoblauchzehen
2 Paprikaschoten
2 – 3 EL Öl zum Braten
500 ml Gemüsebrühe
2 – 3 EL feines Weizenvollkornmehl
1 TL Miso
½ TL Chilipulver
gemahlene Kümmelsamen
Currypulver nach Belieben
frisch gemahlener Pfeffer
   nach Belieben

Die Bohnen gar kochen. Den Tofu würfeln oder grob zerkrümeln. Tomaten in grobe Stücke schneiden, Zwiebel und Knoblauchzehen schälen und fein hacken, Paprika entkernen und fein schneiden. Den Tofu mit der Zwiebel und den Knoblauchzehen im Öl anbraten, nach etwa 5 Minuten Gemüsebrühe und Vollkornmehl einrühren, anschließend Tomaten, Paprika, Bohnen, Miso, Chilipulver und gemahlenen Kümmel hinzufügen. Nach etwa 3 Minuten von der Kochstelle nehmen und heiß servieren. Nach Geschmack mit Currypulver und Pfeffer nachwürzen.

Tofubolognese mit Spaghetti

500 – 600 g Vollkornspaghetti
300 g marinierter
 oder geräucherter Tofu
1 – 2 Zwiebeln
1 – 2 Knoblauchzehen
Öl zum Braten
200 ml Wasser oder Gemüsebrühe
100 g Tomatenmark
 oder Tomatenpüree
2 – 4 EL Rotwein nach Belieben
2 – 4 EL Shoyu
½ TL getrockneter Oregano
½ TL getrocknetes Basilikum
½ TL getrocknetes Bohnenkraut
½ TL getrockneter Thymian
½ TL Kräuter der Provence

Die Vollkornspaghetti garen. Tofu zerkrümeln, Zwiebeln und Knoblauch schälen und fein hacken. Zwiebeln und Knoblauch im heißen Öl glasig dünsten, dann nach und nach die übrigen Zutaten dazugeben und alles zusammen etwa 5 Minuten garen lassen. Anschließend abschmecken und über die Spaghetti geben.

Variationen:
- gegarte rote Kidneybohnen und andere Bohnen, Sellerie und Möhren, frische Tomaten und Paprikaschoten, jeweils klein geschnitten, dazugeben

- mit fein gehacktem Spinat statt Tomaten wird die Bolognese grün

Lasagne

500 – 600 g Tofubolognese
 (s. nebenstehendes Rezept)
100 g Grünkernschrot
 oder Weizenschrot
Gewürze nach Belieben
Öl für die Backform
12 Vollkornlasagneblätter
 (ohne Vorkochen)
200 g Pilzsauce (s. S. 61)

Die Tofubolognese mit dem Getreideschrot mischen und mit Gewürzen nach Belieben abschmecken. Eine gefettete Backform mit vier Lasagneblättern auslegen, die Hälfte der Tofumasse darauf verteilen, weitere vier Lasagneblätter darüberschichten und die übrige Tofumasse darübergeben. Diese Schicht wiederum mit vier Lasagneblättern belegen, darauf die Pilzsauce verstreichen. Die Lasagne im vorgeheizten Backofen bei 250 °C etwa 40 Minuten backen.

Hauptgerichte

Nudelberg

Für 5 – 6 Personen:
200 g Rosenkohl
2 – 3 Knoblauchzehen
1 rote Paprikaschote
1 grüne Paprikaschote
250 g Tofubratschnitten (s. S. 46)
2 l Wasser
30 g körnige Gemüsebrühe
400 g Vollkornspirelli
80 – 100 g Stärkemehl
2 EL Gomasio
1 – 2 EL Hefeflocken
1 EL Tahin
1 EL Oregano
1 TL Majoran
1 gestrichener TL Paprikapulver
Öl für die Form
Tomatensauce (s. S. 65)
oder Pilzsauce (s. S. 61)

Rosenkohl vierteln, Knoblauch schälen und fein hacken, Paprika entkernen und ebenso wie die Tofubratschnitten klein würfeln. Das Wasser mit der Gemüsebrühe zum Kochen bringen. Die Nudeln knapp 10 Minuten darin garen, dann Gemüse, Tofu, Stärkemehl, Gomasio, Hefeflocken, Tahin und Gewürze dazugeben und gut umrühren.
2 – 3 Minuten köcheln lassen und beiseite stellen. Eine Glasschüssel in passender Größe einfetten und die Masse zum Festwerden hineinfüllen. Nach 20 Minuten auf einen Teller stürzen und in Stücke schneiden. Mit Tomaten- oder Pilzsauce servieren.

Abgekühlt lassen sich geschnittene Teile vom Nudelteig auch einzeln knusprig braten.

Gnocchi mit Gemüseschaum

Für etwa 15 Stück:
100 g Tofu
60 g Weizenvollkornmehl
1 EL Sojamehl
1 TL Senf
1 EL frisch geriebener Meerrettich
1 EL Shoyu
Salz
½ TL frisch gemahlener Pfeffer
oder Currypulver
150 g Steckrüben
150 g Rote Bete
2 – 3 EL Zitronensaft
½ TL frisch gemahlener Pfeffer
½ TL Süßungsmittel
150 g Tofu-Crème-fraîche (s. S. 45)

Den Tofu mit Vollkornmehl und Sojamehl, Senf, Meerrettich, Shoyu, ½ TL Salz und Pfeffer oder Currypulver gut zu einem Teig verkneten. Anschließend 20 Minuten ruhen lassen. Aus dem Teig Gnocchi – kleine längliche Klößchen – formen. Die Steckrüben und die Rote Bete klein schneiden, garen und anschließend mit Zitronensaft, Pfeffer, Süßungsmittel und der Hälfte der Tofu-Crème-fraîche pürieren und abschmecken. Gesalzenes Garwasser zum Kochen bringen, die Gnocchi 10 – 15 Minuten darin köcheln lassen, bis sie oben schwimmen. Dann aus dem Kochwasser schöpfen. Das Gemüsepüree mit dem Rest der Tofu-Crème-fraîche garnieren und zu den Gnocchi servieren. Gut passen dazu Spinatnudeln.

Pilztofu im Ring

400 g Buchweizen
1 EL körnige Gemüsebrühe
Wasser zum Kochen des Buchweizens
200 g Champignons
200 g Tofu
2 große Möhren
1 Paprikaschote
1 Zwiebel
1 Knoblauchzehe
1 TL getrocknete Minze
Öl zum Braten
2 – 3 EL Shoyu
1 TL Majoran
1 Prise frisch geriebener Muskat
Sauce nach Wahl (ab S. 60)

Den Buchweizen mit der Gemüsebrühe in kochendes Wasser geben und garen. Die Champignons und den Tofu würfeln, die Möhren in dünne Stifte schneiden, die Paprikaschote fein würfeln. Zwiebeln und Knoblauch schälen und fein hacken, die getrocknete Minze mit den Fingern fein rebeln. Im heißen Öl zunächst Zwiebel, Knoblauch, die Champignons, den Tofu und das Gemüse etwa 10 Minuten dünsten und anschließend mit den Gewürzen und Kräutern abschmecken. Je ein Viertel des Getreides ringförmig auf einem Teller anrichten, den Pilztofu jeweils in die Mitte geben und mit einer Sauce nach Wahl sofort servieren.

Gemüsepakoras

100 – 200 g Tofu
Öl zum Braten
 oder Fett zum Frittieren
400 – 500 g Gemüse nach Wahl
500 g feines Weizenvollkornmehl
2 EL Sojamehl
250 ml Wasser oder Gemüsebrühe
3 – 4 EL Shoyu
1 TL Currypulver
1 TL gemahlener Kreuzkümmel
1 TL Ingwerpulver oder Paprikapulver
 nach Belieben
Fett zum Frittieren

Den Tofu würfeln und braten oder frittieren. Das Gemüse in Würfel oder Streifen schneiden und garen. Aus Vollkornmehl, Sojamehl, der Flüssigkeit, Shoyu und den Gewürzen einen leicht flüssigen Teig anrühren. Die Konsistenz sollte der eines Pfannkuchenteigs ähneln. Den Tofu und das Gemüse dazugeben, einrühren und die Mischung anschließend löffelweise im heißen Fett für 3 – 4 Minuten kross frittieren. Anschließend auf Küchenpapier abtropfen lassen.

Schmeckt warm und kalt.

Gelber Rotkohltofu

8 Kartoffeln
1 Kopf Rotkohl
1 l Wasser
1 TL körnige Gemüsebrühe
2 saure Äpfel
1 Zwiebel
150 – 200 g Tofu
1 – 2 EL Rosinen
2 – 3 EL Weizenvollkornmehl
1 EL Hefeflocken
1 – 2 Lorbeerblätter
1 EL Sauerbratengewürz
1 TL Paprikapulver
1 TL Süßungsmittel nach Belieben
1 Prise Zimtpulver
Salz oder Shoyu
frisch gemahlener Pfeffer
Rotwein nach Belieben

Die Kartoffeln schälen und halbieren. Den Kohlkopf in acht Stücke teilen. Beides zusammen im Wasser mit der Gemüsebrühe bissfest garen (die Kartoffeln bekommen dadurch eine rote Farbe). Die Kartoffeln dann herausholen und warm halten. Äpfel entkernen und würfeln, die Zwiebel schälen und würfeln, den Tofu in Stücke schneiden. Äpfel und Zwiebel mit allen anderen Zutaten (außer den Kartoffeln) in den Kohltopf geben und etwas köcheln lassen, bis das Gericht angedickt ist. Die Lorbeerblätter herausholen, den Rotkohltofu abschmecken und mit den rot-gelben Kartoffeln servieren.

> Hierzu passen noch gehackte Walnüsse und gelbe oder grüne Tofunaise.

Sauerkraut-Tofu

200 – 250 g Räuchertofu
300 – 400 g Sauerkraut
1 TL Wacholderbeeren
½ TL Kümmelsamen
Öl zum Braten
Salz
frisch gemahlener Pfeffer

Den Tofu würfeln oder raspeln und das Sauerkraut klein schneiden. Tofu und Kraut mit Wacholderbeeren und Kümmel im heißen Öl braten und mit Salz und Pfeffer abschmecken.

Super zu Kartoffelpüree!

Variation:
- **Sauerkraut-Strudel:**
  Einen würzigen Hefeteig nach Grundrezept zubereiten (s. S. 126), diesen auf einem geölten Backblech ausrollen, mit dem Sauerkraut-Tofu belegen und zusammenrollen. Im vorgeheizten Backofen bei etwa 180 °C 30 – 40 Minuten backen, dabei mehrmals mit Öl bepinseln.

Spargel-Tofu-Kreation

300 g weißer Spargel
300 g grüner Spargel
l Wasser
1 EL körnige Gemüsebrühe
200 g frische oder tiefgekühlte Erbsen
400 g Räuchertofu
Öl zum Braten
2 EL Shoyu
1 TL Senf
etwa 200 g Sauce Hollandaise
  (s. S. 64)

Spargel putzen und im Wasser mit der Gemüsebrühe gar kochen. Erbsen kurz mitkochen lassen. Das Gemüse anschließend aus der Brühe nehmen. Tofu zunächst in dünne Scheiben, diese dann in Dreiecke schneiden und im heißen Öl leicht kross braten. Shoyu und Senf verrühren, zum Tofu geben und verteilen. Gemüse mischen und auf Tellern anrichten, die Tofudreiecke daneben und die Sauce Hollandaise darüber verteilen. Dazu passt zum Beispiel Kartoffelpüree.

Fenchel-Tofu-Pfanne

150 – 200 g Tofu
Marinade nach Wahl (s. S. 42)
300 g Fenchel
2 – 3 Tomaten
1 Zwiebel
1 – 2 Knoblauchzehen
2 – 3 TL frisches Basilikum
10 – 20 Walnusskernhälften
1 – 2 Äpfel
1 EL Hefeflocken
1 TL Senf
1 TL Kräutersalz
1 TL Currypulver
1 TL Bohnenkraut
1 Prise frisch gemahlener Pfeffer
Öl zum Braten

Den Tofu in einer Marinade nach Wahl marinieren und anschließend in Würfel oder Streifen schneiden. Den Fenchel in acht bis zehn Stücke schneiden und in wenig Wasser garen. Die Tomaten klein schneiden, die Zwiebel und den Knoblauch schälen und ebenso wie das Basilikum fein hacken. Die Walnüsse grob hacken. Die Äpfel entkernen und würfeln. Dann den Tofu mit allen Zutaten, mit Ausnahme von Fenchel und Nüssen, im heißen Öl anbraten und würzig abschmecken. Den Fenchel anrichten, die gehackten Walnüsse darüberstreuen und die Tofumischung dazugeben.

Servieren Sie dazu Salzkartoffeln, die durch je ½ TL Currypulver und Kurkuma im Kochwasser gelb gefärbt sind, und bestreuen Sie diese mit fein gehackter Petersilie oder getrockneter Brennnessel.

Gefüllte Artischocken

100 g Erbsen oder Linsen
Wasser zum Kochen
  der Hülsenfrüchte
100 g Tofu
Marinade nach Wahl (s. S. 42)
4 Artischocken
750 ml Gemüsebrühe
2 – 4 Schalottenstiele
1 – 2 Knoblauchzehen
2 – 3 EL Champignons
Öl zum Braten
1 TL – 1 EL fein gehackter Dill
1 – 2 EL Zitronensaft
Salz
frisch gemahlener Pfeffer
Öl für das Backblech

Zum Garnieren:
4 schwarze Oliven
4 EL Tofu-Crème-fraîche (s. S. 45)

Erbsen oder Linsen gar kochen. Den Tofu in einer Marinade nach Wahl marinieren und anschließend zerkrümeln. Die Artischocken gründlich waschen, Stiele und Böden abschneiden – die Artischocken müssen gut stehen können. Die Blattspitzen mit der Schere abschneiden, die Artischocken nochmals waschen, in die kochende Gemüsebrühe geben und etwa 40 Minuten köcheln lassen. Schalottenstiele fein schneiden, Knoblauch schälen und ebenso wie die Champignons fein hacken. Pilze, Schalotten und Knoblauch im heißen Öl dünsten und anschließend zusammen mit dem Tofu pürieren. Das Püree mit den Erbsen oder Linsen vermischen und mit Dill, Zitronensaft, Salz und Pfeffer abschmecken. Die inneren Blätter der Artischocken herausnehmen und das »Heu« entfernen. Das Tofupüree in die Artischocken füllen und die Artischocken auf ein gefettetes Backblech setzen. Im Backofen bei etwa 180 °C etwa 30 Minuten backen. Mit Oliven und Tofu-Crème-fraîche garnieren.

Gefüllte Paprikaschoten

*100 g Vollkornreis, Buchweizen
 oder Grünkern
Wasser zum Kochen des Getreides
4 mittelgroße Paprikaschoten
1 – 2 Zwiebeln
1 – 2 Knoblauchzehen
250 – 300 g marinierter
 oder geräucherter Tofu
2 EL Öl zum Braten
1 TL Oregano nach Belieben
1 TL Kräutersalz nach Belieben
1 – 2 EL Zitronensaft nach Belieben
Öl für die Auflaufform*

Zum Garnieren:
*2 – 3 EL frischer Schnittlauch
4 TL Tofu-Crème-fraîche (s. S. 45)*

Das Getreide garen. Jeweils den Deckel von den Paprikaschoten abschneiden und die Schoten entkernen. Zwiebeln und Knoblauch schälen und fein hacken, Tofu klein schneiden. Zwiebeln, Knoblauch und Tofu im heißen Öl einige Minuten braten und nach Belieben würzen. Schnittlauch hacken. Das Getreide zusammen mit der Tofu-Zwiebel-Knoblauch-Mischung und drei Viertel des Schnittlauchs gut vermischen und in die Paprikaschoten füllen. Die gefüllten Paprikaschoten nebeneinander in eine gefettete Auflaufform stellen. Im Backofen bei etwa 180 °C 20 – 30 Minuten garen und vor dem Servieren mit Tofu-Crème-fraîche und Schnittlauch garnieren.

Dazu passt gut Hefesauce (s. S. 61) oder Tomatensauce (s. S. 65).

Yellow-Sunshine-Tofu

*3 Möhren
200 g Brokkoli
300 g gelber Rührtofu (s. S. 47)
100 g roter Rührtofu (s. S. 47)*

Eine der Möhren in stifteln, die anderen beiden der Länge nach mit dem Canneliermesser einschneiden und in Scheiben schneiden. Alle Möhren zusammen mit dem Brokkoli bissfest garen. Brokkoli und Möhrenscheiben auf Tellern anrichten, neben dem Gemüse den gelben Tofu und darauf in die Mitte (als »Sonne«) den roten Tofu anrichten. Die Möhenstifte strahlenförmig auf dem gelben Tofu um den roten Kreis herum anordnen.

Dazu passt gut gegarter Grünkern oder Buchweizen.

Käpt´n Tofu

*400 g Räuchertofu
(haben Sie Algentofu zur Hand,
nehmen Sie 200 g Algentofu
und 200 g Räuchertofu)
1 – 2 EL getrocknete Meeresalgen
200 ml Wasser
2 EL Shoyu
1 – 2 EL Vollkornpaniermehl
1 EL Hefeflocken
½ EL Sojamehl
Fett zum Frittieren
oder Öl zum Braten*

Den Tofu in etwa 1,5 cm dicke, 3 – 4 cm breite und 8 cm lange Stäbchen schneiden. Die Meeresalgen zerkleinern. Wasser, Shoyu und Algen mischen und den Tofu darin einlegen. Nach etwa 30 Minuten herausnehmen und die Flüssigkeit mit Paniermehl, Hefeflocken und Sojamehl zu einer Flüssigpanade mischen. Die marinierten Tofuscheiben damit panieren und im heißen Fett goldgelb frittieren oder im heißen Öl braten.

> Noch mehr »Meeresgeschmack« erhalten Sie, wenn Sie die Algen nach dem Marinieren pürieren und in die Panade geben.

Kindermenü

Für eine Portion:
*je 1 Tofuvogel, 1 Tofustern
und 1 Tofuscheibe (s. S. 46)
Marinade nach Wahl (s. S. 42)
Fett zum Frittieren
1 kleine Möhre
50 g Rotkohl
100 g Kartoffeln
40 g reine Pflanzenmargarine
2 – 3 EL Sojamilch
etwas Salz
1 Prise Currypulver
1 Prise Kurkuma
1 Klecks Spinatsauce (s. S. 61)*

Die Tofufiguren in einer Marinade nach Wahl marinieren und knusprig frittieren. Möhre oder Rotkohl garen, Möhre in Stifte und Rotkohl in Streifen schneiden. Kartoffeln weich kochen, schälen und zerdrücken. Aus den Kartoffeln mit Margarine, Sojamilch, etwas Salz, Currypulver und Kurkuma ein Kartoffelpüree herstellen.
Dann ein buntes Bild auf dem Teller dekorieren: Das Kartoffelpüree bildet die Erde, auf welcher der Vogel steht, der am Grünfutter – der Spinatsauce – nascht. Die Tofuscheibe ist die Sonne, die daneben scheint. Die Möhrenstifte bilden die Sonnenstrahlen. Darüber scheint der Tofustern, und die Rotkohlstreifen bilden auf beiden Seiten davon die Wolken.

Weitere Tofumenüs

- Gelbe Hirsesterne mit Spinat und Rote-Bete-Scheiben
- Polenta-Lauch-Schnitten mit Tofu-Ragout und Tomatensauce
- Cannelloni mit Tofu-Bolognese gefüllt
- Tomatentortellini mit Tofubratschnitten und rot-gelb-grünen Paprikastreifen
- Quinoa mit Topinamburscheiben und Tofugeschnetzeltem
- Tofugulasch süßsauer mit Reis, Ananas und Kokossauce
- Kartoffelklöße, Apfel-Rotkraut und Tofuragout
- Spinat-Kartoffel-Klöße, Möhren und Tofutatar
- Bulgur mit gemahlenen Haselnüssen, Brokkoli und Tofuragout mit Pilzsauce

- Maultaschen mit pikanter Tofufüllung und Jäger-Sauce
- Tofu-Pilz-Ragout mit Blumenkohl und Bärlauchnudeln
- Grünkohl, Pellkartoffeln und Tofuwurst
- Kartoffelpüree, frittierte Tofuscheiben und Sellerie-Lauch-Gemüse mit Hefesauce
- Gebratene Tofuschnitten mit Pommes und Ketchup
- Gefüllte Mangoldblätter mit Tofu-Pilz-Pastete und Senfsauce
- Tofu-Gemüse-Curry mit Reis und Wildreis
- Räuchertofu mit Sauerbratengewürz, roten Linsen und Spätzle
- Couscous mit grünen Bohnen und Tofu-Pepperonata mit Champignons im Bierteig frittiert
- Tofu-Maroni-Rosenkohl-Spieße mit Wildreis

Aufläufe

Ob deftiger Grünkernauflauf oder exotischer Mandelauflauf: Auch bei Aufläufen ist Tofu in seiner Vielseitigkeit unschlagbar. Und dass auf das Überbacken mit Käse durchaus verzichtet werden kann und auch Eier nicht fehlen, davon können Sie sich mit den folgenden Rezepten selbst überzeugen.

Kartoffel-Brokkoli-Auflauf

350 g Kartoffeln
250 g Brokkoli
150 g Cashewnüsse
Öl für die Auflaufform
150 g Räuchertofu
5 – 6 EL zerkleinerter
  und gedünsteter Spinat
2 EL Stärkemehl
1 EL Hefeflocken
1 gestrichener EL
  körnige Gemüsebrühe
½ TL Currypulver
½ TL Salz
1 TL Majoran
200 ml Gemüsegarwasser
1 Msp Kebabpaste nach Belieben

Kartoffeln schälen, in Streifen schneiden und Brokkoli in Röschen teilen. Kartoffeln und Brokkoli garen. Die Nüsse rösten und hacken. Brokkoli, Kartoffeln und Cashewnüsse mischen und in eine große eingefettete Auflaufform geben. Die übrigen Zutaten ziemlich klein pürieren, teilweise unterheben, den Rest auf der Kartoffel-Brokkoli-Masse verteilen und glatt streichen. Auflauf im vorgeheizten Backofen bei etwa 200 °C 30 – 40 Minuten backen.

Kartofu

etwa 500 g Kartoffeln
Salz
etwa 500 g Rührtofu
frisch gemahlener Pfeffer
frisch geriebener Muskat
2 – 3 EL Stärkemehl
Öl für die Auflaufform

Kartoffeln schälen, in dünne Scheiben schneiden und in Salzwasser bissfest garen. Rührtofu zubereiten, würzen, abschmecken und mit dem Stärkemehl mischen. Rührtofu in eine gefettete Auflaufform geben, die Kartoffelscheiben hochkant hineindrücken, sodass sie etwas herausschauen. Auflauf im vorgeheizten Backofen bei 180 – 200 °C 20 – 30 Minuten backen.

Grünkernauflauf

250 g Räuchertofu
1 große Zwiebel
200 g Grünkernschrot
100 g gegarte Erbsen,
   Linsen oder Bohnen
Öl für die Auflaufform

Für die Sauce:
1 – 2 EL schwarze Oliven
5 Peperoni
   und / oder 30 – 50 g Kapern
300 ml Wasser
1 EL Stärkemehl
1 EL Hefeflocken
1 EL Shoyu
1 TL körnige Gemüsebrühe
1 TL Basilikum

Den Räuchertofu würfeln. Die Zwiebel schälen, die Oliven für die Sauce entkernen und beides ebenso wie die Peperoni klein schneiden. Die Zutaten für die Sauce mit der Hälfte der Tofuwürfel mixen. Diese Sauce mit Grünkernschrot, der Zwiebel, den Erbsen, Linsen oder Bohnen und den restlichen Tofuwürfeln vermengen. Alles in eine gefettete Auflaufform geben und glatt streichen. Im vorgeheizten Backofen bei etwa 180 °C mindestens 30 – 40 Minuten backen.

Bulgurauflauf

100 g Wirsing
250 g Bulgur
1 TL körnige Gemüsebrühe
500 ml Wasser
250 g Räuchertofu
Öl für die Auflaufform
2 – 3 Tomaten

Für die Sauce:
1 Zwiebel
300 ml Gemüsebrühe
2 EL Stärkemehl
   oder 3 EL Weizenvollkornmehl
2 EL Petersilie
1 EL Senf
1 gestrichener TL
   gemahlener Koriander
1 gestrichener TL Salz
1 Prise frisch gemahlener Pfeffer
1 Prise frisch geriebener Muskat

Wirsing in Streifen schneiden und mit dem Bulgur und der Gemüsebrühe im Wasser garen. Den Räuchertofu fein würfeln und mit Bulgur und Wirsing vermengen. Die Zwiebel für die Sauce schälen und klein schneiden und alle Zutaten für die Sauce mixen. Zwei Drittel der Sauce unter die Bulgur-Wirsing-Mischung heben und in eine gefettete Auflaufform geben. Die Tomaten in Scheiben schneiden und auf die Mischung legen, die restliche Sauce darübergeben und den Auflauf im vorgeheizten Backofen bei etwa 180 °C 30 – 40 Minuten backen.

Seitanauflauf

1 Zwiebel
3 Paprikaschoten
100 g Champignons
100 g Räuchertofu
300 g Seitan
Öl für die Auflaufform
8 Möhren

Für die Sauce:
150 g Tofu
1 Zwiebel
1 Knoblauchzehe
200 ml Gemüsegarwasser
3 – 4 EL Shoyu
2 EL Stärkemehl
1 EL Hefeflocken
½ TL Kebabpaste

Für die Sauce den Tofu würfeln, die Zwiebel und den Knoblauch schälen und klein schneiden. Dann alle übrigen Saucenzutaten mixen. Die zweite Zwiebel schälen und ebenso wie die Paprikaschoten und die Champignons klein schneiden. Räuchertofu und Seitan würfeln. Zwei Drittel der Sauce mit diesen Zutaten vermengen und die Hälfte dieser Masse in eine gefettete Auflaufform geben. Die Möhren längs halbieren, garen und auf die Masse legen. Die zweite Hälfte der Masse und dann die restliche Sauce darübergeben. Auflauf im vorgeheizten Backofen bei etwa 200 °C etwa 30 Minuten backen.

Mandelauflauf

100 g Pilze
100 g Mandeln
150 g Möhren
2 – 3 EL frischer Schnittlauch
1 – 2 Knoblauchzehen
150 g Räuchertofu
1 Hand voll Sprossen
  oder Huflattichblüten
100 g Haferflocken oder Hirseflocken
1 – 2 EL Sojamehl
1 TL – 1 EL Leinsamen
1 TL Garam Masala
1 gestrichener TL Salz
1 Prise Currypulver
1 Prise frisch geriebener Muskat
1 Prise frisch gemahlener Pfeffer
Öl für die Auflaufform
250 g Spinatsauce, Pilzsauce oder
  eine andere Sauce nach Wahl
  (ab S. 60)

Die Pilze klein schneiden und dünsten, die Mandeln hacken und rösten, die Möhren raspeln und den Schnittlauch hacken. Knoblauch schälen und hacken. Den Tofu fein zerkrümeln. Den zerkrümelten Tofu mit allen Zutaten, mit Ausnahme von Möhren, Mandeln und Sauce, mischen, abschmecken und in eine gefettete Auflaufform geben. Die Hälfte der Sauce unterrühren, dann Mandeln und Möhren auf der Masse verteilen und die restliche Sauce darübergießen. Den Auflauf im vorgeheizten Backofen bei 180 °C 30 – 40 Minuten backen.

Birnengratin mit Mohn

50 – 80 g Mohn
400 ml Apfelsaft
2 – 3 Möhren
3 Birnen
100 g Mandeln
4 EL Zitronensaft
1 EL Sirup
50 g reine Pflanzenmargarine
150 g Weizenschrot oder Haferschrot
1 Prise frisch geriebener Muskat
1 Prise Salz
1 Prise frisch gemahlener Pfeffer
Öl für die Auflaufform
100 g Tofu-Crème-fraîche (s. S. 45)

Den Mohn mahlen und den Apfelsaft zum Kochen bringen. Den gemahlenen Mohn in den kochenden Apfelsaft geben und unter Rühren etwa 5 Minuten köcheln lassen. Die Möhren fein raspeln, die Birnen entkernen und würfeln, die Mandeln rösten und hacken. Möhren, Birnen und Mandeln mit der Mohnmasse mischen, Zitronensaft und Sirup dazugeben und mit allen übrigen Zutaten, außer der Tofu-Crème-fraîche, vermischen. Masse in eine gefettete Auflaufform geben, mit Tofu-Crème-fraîche bestreichen und im vorgeheizten Backofen bei 200 °C etwa 20 Minuten backen.

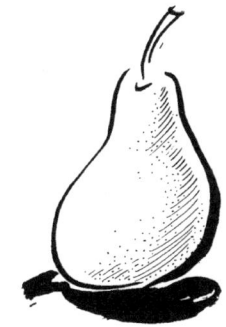

Pasteten

Die folgenden Pasteten lassen sich gut vorbereiten und auch einfrieren. Zum Gelieren der Pasteten wird keine Gelatine, sondern das rein pflanzliche Agar-Agar verwendet. Das Agar-Agar wird entweder in kochendem Wasser aufgelöst und mit allen Zutaten zum Festwerden in eine Form gegossen, oder die Pastete wird im Wasserbad geliert.

Pilzpastete

800 g Tofu oder Räuchertofu
30 – 40 g schwarze Oliven
2 – 3 Zwiebeln
2 – 3 Knoblauchzehen
200 g Möhren
250 g Champignons
100 g Weizenvollkornmehl
60 g Haferflocken
50 g Hefeflocken
50 g Stärkemehl
50 ml Olivenöl
2 – 3 EL Shoyu und / oder 1 TL Salz
1 EL Majoran
nach Belieben:
- *1 TL frisch geriebener Meerrettich*
- *1 TL Senf*
- *1 TL Garam Masala*
- *1 TL Paprikapulver*
- *1 TL asiatische Gewürzmischung*
- *1 TL Ingwerpulver*
- *1 TL gemahlener Kreuzkümmel*
- *1 TL gemahlene Fenchelsamen*
- *1 TL Chilipulver*

Öl für die Kastenbackform mit Deckel

Tofu klein schneiden, Oliven entkernen und fein zerkleinern. Zwiebeln und Knoblauch schälen und ebenfalls fein zerkleinern. Möhren raspeln und Champignons klein schneiden. Sämtliche Zutaten miteinander vermischen, verkneten und abschmecken. Masse in eine gefettete Kastenbackform mit Deckel füllen, glatt streichen, den Deckel auf die Form setzen und im vorgeheizten Backofen bei 180 – 200 °C 1,5 – 2 Stunden im Wasserbad fest werden lassen. Dazu eine große Bratenform oder Auflaufform mit Wasser füllen und die Kastenform hineinstellen. Die Bratenform sollte so weit mit Wasser gefüllt sein, dass nichts in die Kastenform mit Deckel gelangen kann. Während des Garens hin und wieder eine Tasse Wasser in die Bratenform zugießen. Fertig gebackene Pastete etwas abkühlen lassen, mit einem Messer vom Rand lösen und aus der Form stürzen.

Tofubraten

200 g Grünkern
500 ml Wasser
1 TL körnige Gemüsebrühe
2 Zwiebeln
2 Knoblauchzehen
1 Stange Lauch
200 – 250 g hartes Vollkornbrot
400 g gefrorener
 und wieder aufgetauter Tofu
1 EL Senf
1 EL Miso
1 TL Thymian
1 TL Salbei
1 Prise frisch gemahlener Pfeffer
 oder Currypulver
Dill, Schnittlauch, Petersilie
 oder Senf nach Belieben
Öl für die Kastenbackform

Den Grünkern im Wasser mit der Gemüsebrühe gar kochen. Zwiebeln und Knoblauch schälen und fein hacken, den Lauch klein schneiden. Das Vollkornbrot und den Tofu fein zerkrümeln oder den Tofu durch den Gemüsewolf drehen. Alle Zutaten gut vermischen, würzen und durchkneten. Die Masse in einer gefetteten Backform geben und im vorgeheizten Backofen bei 180 – 200 °C 30 – 40 Minuten backen, bis der Braten fest ist.

Variation:
- den fertig gebackenen Braten in dicke Scheiben schneiden, diese knusprig braten und mit Kräuteraufstrich (s. S. 104) bestreichen

Austernpilzbraten

250 g Austernpilze
1 Zwiebel
1 Knoblauchzehe
1 Birne
100 g hartes Vollkornbrot
200 g marinierter
 oder geräucherter Tofu
100 g Getreideschrot
2 EL Zitronensaft
1 TL Senf
1 TL frisch geriebener Meerrettich
1 TL Majoran
½ TL frisch geriebener Muskat
Currypulver
geriebener Thymian
Shoyu oder Salz
frisch gemahlener Pfeffer
Öl für die Kastenbackform

Die Austernpilze in Streifen schneiden, Zwiebel und Knoblauchzehe schälen und hacken, die Birne entkernen und fein würfeln. Pilze zusammen mit den Zwiebeln dünsten, bis die Zwiebeln glasig sind. Vollkornbrot und Tofu zerkrümeln, mit dem Getreideschrot mischen und mit den restlichen Zutaten zu einem Teig verkneten. Die Masse in eine gefettete Backform geben und im vorgeheizten Backofen bei etwa 180 °C 30 – 40 Minuten backen.

Wenn der Braten nicht ganz durchgebacken aus der Form geholt wurde, kann er auch auf einem Blech noch etwas nachgebacken werden.

Drei-Farben-Tofu

Für die grüne Schicht:
1 Knoblauchzehe
200 g Tofu
100 g Spinat
100 ml Wasser
2 EL Stärkemehl
2 EL Öl
1 EL Dill
½ TL Paprikapulver
½ TL frisch geriebener Muskat
½ TL Kräutersalz
1 Prise frisch gemahlener Pfeffer

Für die rote Schicht:
1 Knoblauchzehe
200 g Tofu
100 g Tomatenmark
100 ml Wasser
2 EL Shoyu
2 EL Stärkemehl
2 EL Öl

Für die gelbe Schicht:
400 g Tofu
2 EL Stärkemehl
2 EL Öl
1 EL Hefeflocken
½ – 1 TL Wasser
½ TL Senf
½ TL Kurkuma
1 gestrichener TL Salz
1 gestrichener TL Currypulver
1 Msp frisch geriebener Muskat

Außerdem:
Öl für die Kastenbackform mit Deckel

Zunächst den Knoblauch für die grüne und die rote Schicht schälen und klein schneiden. Dann alle Zutaten für die grüne Schicht im Mixer pürieren, in eine große eingefettete Kastenbackform mit Deckel geben und glatt streichen. Danach alle Zutaten für die rote Schicht mixen, auf die grüne Schicht geben und glatt streichen. Zuletzt die Zutaten für die gelbe Schicht pürieren, auf die rote Schicht geben und glatt streichen. Die Pastete jetzt im Wasserbad garen. Dazu eine große Bratenform oder Auflaufform mit Wasser füllen und die Kastenform hineinstellen. Die Bratenform sollte so weit mit Wasser gefüllt sein, dass nichts in die Kastenform mit Deckel gelangen kann. Pastete in diesem Wasserbad im vorgeheizten Backofen bei 200 °C 2 Stunden garen. Hin und wieder etwas Wasser in die Bratenform zugießen. Nach dem Garen die Pastete etwas abkühlen lassen, vom Rand lösen und aus der Form stürzen.

> Jede Mischung nach dem Pürieren abschmecken, bevor Sie die jeweilige Schicht in die Backform füllen.

Mittelmeerterrine

Für 6 Portionen:
100 – 150 g Auberginen
1 rote Paprikaschote
1 gelbe Paprikaschote
80 – 100 g grüne
  und schwarze Oliven
50 g getrocknete Meeresalgen
2 EL frische Basilikumblätter
1 l Wasser
2 g Agar-Agar (s. auch Tipp S. 140)
1 – 2 EL Weißwein
  oder alkoholfreier Weißwein
1 – 2 TL ganze oder grob gehackte
  Pfefferkörner
1 TL Lavendelblüten
1 TL Akazienblüten
1 TL Orangenblüten
1 TL Oregano
1 TL Salz
1 Prise frisch geriebener Muskat
Öl für die Form
6 Tofusterne (s. S. 46)

Auberginen würfeln und anschließend garen. Paprikaschoten entkernen und ebenfalls würfeln. Die Oliven halbieren und entkernen oder ganz verwenden, Meeresalgen fein schneiden und Basilikum hacken. Das Wasser zum Kochen bringen, Agar-Agar zugeben und 5 Minuten leicht köcheln lassen. Alle Zutaten, außer den Tofusternen, in das Wasser geben und dann in eine gefettete Kasten- oder Ringform gießen. Während sich die Masse festigt, hin und wieder vorsichtig durchrühren, damit sich die Zutaten gut verteilen. Kurz vor dem Erstarren die Tofusterne quer in die Masse hineinschieben, sodass sie ihre Positionen bewahren. Sobald die Masse erkaltet ist, in sechs Stücke schneiden, wobei jeweils ein Stern in der Mitte jedes Stückes sein sollte.

Tofu-Gemüse-Pastete

500 g Kartoffeln
Salz
550 g Blumenkohl
500 ml Wasser
1 TL körnige Gemüsebrühe
frisch geriebener Muskat
Ingwerpulver
6 EL Stärkemehl
Öl für die Kastenbackform mit Deckel und zum Braten
2 kleine Zwiebeln
1 Knoblauchzehe
100 g Champignons
200 g marinierter Tofu
3 EL Shoyu
frisch gemahlener Pfeffer
400 g tiefgekühlter Spinat

Kartoffeln schälen und in Salzwasser gar kochen. Blumenkohl im Wasser mit der Gemüsebrühe garen, mit Muskat und Ingwer würzen. Die Hälfte der Kartoffeln mit dem Blumenkohl und 2 EL Stärkemehl pürieren, in eine gefettete Kastenbackform mit Deckel geben und glatt streichen. Die Zwiebeln und den Knoblauch schälen, ebenso wie die Champignons klein schneiden und im heißen Öl anbraten. Tofu würfeln und zu den Zwiebeln geben. Tofumischung mit 2 EL Shoyu und ½ TL Pfeffer würzen, mit 2 EL Stärkemehl mischen, über die Kartoffelmasse in die Backform geben und andrücken.

Spinat mit 1 EL Shoyu, etwas Pfeffer und Muskat würzen und zusammen mit den restlichen Kartoffeln und 2 EL Stärkemehl pürieren. Spinatmasse ebenfalls in die Backform geben und glatt verteilen. Deckel auf die Backform legen. Pastete im Wasserbad im vorgeheizten Backofen bei 200 °C etwa 90 Minuten garen. Dazu die Kastenform in eine große Auflaufform mit Wasser stellen. Die Auflaufform sollte nur so weit mit Wasser gefüllt sein, dass kein Wasser in die Kastenform gelangen kann. Während des Garens gegebenenfalls etwas Wasser in die Auflaufform nachgießen. Nach dem Abkühlen die Masse vom Rand lösen, aus der Form stürzen, in Scheiben schneiden und diese vor dem Servieren in der Pfanne oder im Backofen erhitzen.

Variationen:
- in die Tofumasse 2 – 3 EL Tomatenmark einrühren

- Möhren oder Kürbis statt Spinat verwenden

Tofu Glasnost

*300 g marinierter Tofu
    oder Räuchertofu
100 g Champignons
1 – 2 rote Zwiebeln
80 g rote Linsen und / oder Erbsen
Wasser zum Kochen
    der Hülsenfrüchte
1 gelbe Paprikaschote
1 Möhre
1 – 1,2 l Wasser
2 g Agar-Agar (s. auch Tipp S. 140)
2 – 3 EL Weinessig
50 – 80 g Blumenkohlröschen
1 – 2 EL Weizenkeime
1 EL Majoran
nach Belieben:*
- *Dill*
- *Salz*
- *frisch gemahlener Pfeffer*
- *frisch geriebener Muskat*

Öl für die Kastenbackform

Tofu würfeln. Champignons halbieren, in Scheiben schneiden und anschließend dünsten. Zwiebeln schälen und in Ringe schneiden, Hülsenfrüchte kochen, Paprika und Möhre fein würfeln. Wasser zum Kochen bringen, Agar-Agar dazugeben und 5 Minuten leicht köcheln lassen. Alle Zutaten in das Wasser geben und alles zusammen in eine gefettete Kastenbackform gießen. Während sich die Masse festigt, hin und wieder vorsichtig durchrühren, damit sich die Zutaten gut verteilen. Im erkalteten Zustand in etwa 1,5 cm dicke Scheiben schneiden, auf Platten anrichten und garnieren.

Bratlinge

Die folgenden Bratlinge kommen auch ohne Ei als Bindemittel aus. Ergänzt mit einer Tofusauce sind sie ein Genuss.

Da sie so schön handlich sind, eignen sich kalte Bratlinge besonders gut zum Mitnehmen als Wegzehrung oder Pausensnack. Auch als Brotbelag sind Bratlinge eine willkommene Abwechslung.

Pikante Pfannküchle

Für etwa 8 Stück:
100 g Tofu
Marinade nach Wahl (s. S. 42)
1 – 2 EL Shoyu
etwas Gemüsegarwasser
  oder Sojamilch
200 g feines Weizenvollkornmehl
  oder Maismehl
40 g Sojamehl
nach Belieben:
- *Senf*
- *Tahin*
- *frisch geriebener Meerrettich*
- *Salz*
- *frisch gemahlener Pfeffer*
- *Currypulver*
- *Paprikapulver*

Öl zum Braten

Den Tofu in einer Marinade nach Wahl marinieren und mit Shoyu und etwas Garwasser oder Sojamilch pürieren. Mit allen übrigen Zutaten – bis auf das Öl – zu einem dickflüssigen Teig verrühren und daraus in einer heißen Pfanne Pfannkuchen braten, beidseitig jeweils 3 – 5 Minuten.

Variationen:
- Pfannkuchen mit Tofupasten bestreichen oder mit verschiedenen Zutaten oder Tofupasten füllen und anschließend aufrollen

- Pfannkuchen mit gegarten Kohlblättern und Tofupaste belegen, aufrollen und in dicke Scheiben schneiden

Reibekuchen

300 g Kartoffeln
1 Zwiebel
1 EL getrocknete Minze
200 g Tofu
100 g Getreideschrot
25 g Sojamehl
1 Prise Salz
1 Prise frisch gemahlener Pfeffer
Öl zum Braten

Die rohen Kartoffeln schälen und raspeln, die Zwiebel schälen und hacken. Die Minze reiben. Den Tofu zerkrümeln, mit den übrigen Zutaten, mit Ausnahme des Öls, mischen und alles etwa 20 Minuten ziehen lassen. Zu kleinen Reibeküchlein formen und im heißen Öl knusprig ausbacken.

Tofurollis

350 g Räuchertofu
1 große Zwiebel
1 – 2 Knoblauchzehen
3 – 4 EL Hefeflocken
50 g Haferflocken
50 g Weizenvollkornmehl
4 – 5 EL Olivenöl
  oder anderes Öl
2 EL Shoyu
1 TL Senf
½ TL Basilikumwürzpaste
  (fertig gekauft)
nach Belieben:
- *Thymian*
- *Kerbel*
- *Dill*
- *frisch gemahlener Pfeffer*
Öl zum Braten

Den Tofu zerkrümeln, Zwiebel und Knoblauch schälen und fein hacken. Alle Zutaten – bis auf das Öl – mit dem Rührgerät vermengen. Dadurch wird der Teig feiner und geschmeidiger, als mit der Hand vermischt. 10 Minuten stehen lassen und anschließend 10 cm lange Röllchen mit 2 cm Durchmesser daraus formen. Röllchen im nicht zu heißen Öl rundherum braten.

Variationen:
- mit gehackten Oliven, Kapern und Dill

- mit etwa 50 g fein geraspelten Möhren

- mit frisch gehackten Kräutern

Spinatbällchen

100 g Bulgur
etwa 200 ml Wasser
2 TL körnige Gemüsebrühe
150 g Spinat
150 g Räuchertofu
1 – 2 Zwiebeln
1 – 2 Knoblauchzehen
50 g Grünkernschrot
2 – 3 EL Shoyu
1 TL Senf
frisch gemahlener Pfeffer
frisch geriebener Muskat
*   und / oder Currypulver*
Ingwerpulver oder frisch geriebene
*   Ingwerwurzel nach Belieben*
Öl zum Braten

Bulgur im Wasser mit 1 TL körniger Gemüsebrühe garen. Spinat fein hacken und ebenfalls mit 1 TL körniger Gemüsebrühe garen. Den Räuchertofu zerkrümeln, Zwiebeln und Knoblauch schälen und fein hacken. Alle Zutaten – bis auf das Öl zum Braten – mischen, nach 10 Minuten Ruhezeit kleine Bällchen daraus formen und im heißen Öl rundherum braten.

Hirsekugeln

200 g Hirse
etwa 400 ml Wasser
150 g marinierter Tofu
*   oder Räuchertofu*
1 Zwiebel
1 – 2 Knoblauchzehen
1 grüne Paprikaschote
50 g Weizenvollkornmehl
*   oder Weizenschrot*
4 – 5 EL Kräuterdressing (s. S. 57)
1 – 2 EL Shoyu
1 EL Hefeflocken
1 TL Paprikapulver
1 TL Oregano
½ TL frisch geriebener Muskat
Öl zum Braten
*   oder Fett zum Frittieren*

Die Hirse im Wasser gar kochen. Den Tofu zerkrümeln, Zwiebel und Knoblauch schälen und fein hacken, die Paprikaschote entkernen und fein würfeln. Aus allen Zutaten, mit Ausnahme des Öls, einen Teig zubereiten, etwas ruhen lassen und anschließend tischtennisballgroße Kugeln aus dem Teig formen. Kugeln im heißen Öl rundherum knusprig braten oder im Fett frittieren.

Felafel

250 g Kichererbsen
Wasser zum Kochen der Kichererbsen
1 Zwiebel
1 – 2 Knoblauchzehen
2 EL frische Petersilie
100 g Räuchertofu
2 EL Weizenvollkornmehl
1 – 2 EL Sojamehl
1 EL feine Haferflocken
½ TL gemahlener Koriander
½ TL gemahlener Kreuzkümmel
½ TL Currypulver und / oder
  frisch gemahlener Pfeffer
Salz
Öl zum Braten
  oder Fett zum Frittieren

Die Kichererbsen im Wasser weich kochen. Zwiebel und Knoblauchzehen schälen und ebenso wie die Petersilie fein hacken. Kichererbsen und Tofu durch den Gemüsewolf drehen oder pürieren, alle Zutaten – bis auf das Öl – miteinander vermischen und durchkneten. 20 Minuten ruhen lassen, dann tischtennisballgroße Kugeln aus dem Teig formen, diese etwas flach drücken und im heißen Öl braten oder im heißen Fett etwa 4 Minuten frittieren.

> Es gibt auch spezielle Felafelformen, mit denen perfekte Kugeln gelingen.

Sonnenblumen-Hirse-Bällchen

50 g Sonnenblumenkerne
200 – 250 g Räuchertofu
1 rote Paprikaschote
Knoblauchzehen nach Belieben
frische Kräuter nach Belieben
500 g gekochte Hirse
50 – 100 g Röstzwiebeln
2 EL feine Haferflocken
2 EL Hefeflocken
2 EL Maismehl
Salz nach Belieben
frisch gemahlener Pfeffer
  nach Belieben
Öl zu Braten
  oder Fett zum Frittieren

Sonnenblumenkerne rösten, Tofu in feine Würfel schneiden, Paprika entkernen und ebenfalls in feine Würfel schneiden. Wenn Knoblauch und Kräuter verwendet werden, den Knoblauch schälen und ebenso wie die Kräuter fein hacken. Alle Zutaten, bis auf das Öl zum Braten, mischen, gut verkneten und etwas durchziehen lassen. Anschließend tischtennisballgroße Bällchen aus der Masse formen und diese im heißen Öl leicht kross braten oder im heißen Fett frittieren.

Königsberger Tofu-Klopse an Kapernsauce

200 g Kartoffeln
2 Zwiebeln
2 Vollkornbrötchen
200 g marinierter Tofu
200 g Seitan
6 EL feines Weizenvollkornmehl
Salz
frisch gemahlener Pfeffer
gemahlener Piment
gemahlener Koriander
750 ml Gemüsebrühe
2 Lorbeerblätter

Für die Kapernsauce:
3 EL reine Pflanzenmargarine
2 EL Kartoffelknödelpulver
500 ml Sojamilch
200 ml Weißwein
    oder alkoholfreier Weißwein
1 EL Essig
1 EL Zitronensaft
2 EL Kapern
1 Prise Vollrohrzucker
2 – 3 EL Stärkemehl

Kartoffeln gar kochen und anschließend schälen. Zwiebeln schälen und fein hacken, Brötchen, Tofu und Seitan in kleine Stücke teilen. Kartoffeln, Zwiebeln, Brötchen, Tofu, Seitan und Mehl vermischen, gut durchkneten, mit Salz und Gewürzen abschmecken und etwas durchziehen lassen. Anschließend kleine Bällchen aus der Masse formen und diese einige Minuten in der kochenden Brühe mit den Lorbeerblättern gar ziehen lassen. Für die Sauce die Margarine in einem Topf erhitzen, das Mehl darin anschwitzen und mit der Sojamilch ablöschen. Die übrigen Zutaten dazugeben, etwas köcheln lassen und abschmecken. Sauce zu den Tofubällchen servieren.

Reislinge

250 g Vollkornreis
500 ml Wasser
1 TL körnige Gemüsebrühe
100 g Tofu oder Räuchertofu
1 – 2 Bananen
1 Zwiebel
1 Knoblauchzehe
1 Möhre
1 – 2 EL Sonnenblumenkerne
2 EL Shoyu
1 EL Tahin
1 TL Leinsamen
½ TL Salz
1 gestrichener TL Currypulver
1 gestrichener TL
gemahlener Koriander
1 gestrichener TL
gemahlener Kreuzkümmel
Öl zum Braten
oder Fett zum Frittieren

Den Reis im Wasser mit der Gemüsebrühe gar kochen. Den Tofu fein zerkrümeln, die Bananen schälen und zerdrücken. Zwiebel und Knoblauch schälen und fein hacken, die Möhre fein raspeln und die Sonnenblumenkerne rösten. Einen Teig aus allen Zutaten, mit Ausnahme des Öls, zubereiten, daraus Bratlinge formen und diese im heißen Öl braten oder im heißen Fett frittieren.

Servieren Sie die Reislinge mit indischem Erdnussdressing (s. S. 59) oder mit Kokos-Tofu-Sauce (s. S. 63).

Tofuletten

200 g Weizen
etwa 400 ml Wasser
150 – 200 g Tofu
1 – 2 Zwiebeln
1 – 2 Knoblauchzehen
2 – 3 Möhren
1 EL Kürbiskerne
Minze nach Belieben
100 g Weizenvollkornmehl
oder Weizenschrot
2 TL Salz oder einige EL Shoyu
1 TL – 1 EL Leinsamen
1 TL Senf
1 TL Majoran
1 TL Currypulver oder Paprikapulver
gemahlener Koriander nach Belieben
frisch geriebener Muskat
nach Belieben
Öl zum Braten
oder Fett zum Frittieren

Den Weizen über Nacht einweichen und im Wasser gar kochen, Tofu zerkrümeln, Zwiebeln und Knoblauch schälen und fein hacken. Möhren raspeln, Kürbiskerne grob hacken und die Minze zerreiben. Aus allen Zutaten – bis auf das Öl – einen Teig zubereiten und nach 10 Minuten Ruhezeit flache Tofuletten daraus formen. Tofuletten im heißen Öl beidseitig goldbraun braten oder im 180 °C heißen Fett 3 – 4 Minuten frittieren.

Variation:
- eine Hand voll Haferflocken hinzufügen

Tofu-Landjäger

150 g Vollkornreis
400 ml Wasser
1 TL körnige Gemüsebrühe
100 g feines Grünkernschrot
200 g Tofu
1 Zwiebel
1 – 2 Knoblauchzehen
1 TL – 1 EL Kapern
1 TL Kräutersalz
50 g feine Haferflocken
50 g feines Weizenvollkornmehl
nach Belieben:
- *Senf*
- *Majoran*
- *frisch geriebener Muskat*
- *frisch gemahlener Pfeffer*
- *Salz*

Öl zum Braten
   oder Fett zum Frittieren

Reis im Wasser mit der Gemüsebrühe gar kochen, zuletzt das Grünkernschrot einrühren und 1 Stunde quellen lassen. Tofu gut zerkrümeln, Zwiebeln und Knoblauch schälen und ebenso wie die Kapern fein hacken. Aus allen Zutaten – bis auf das Öl – einen Teig herstellen und diesen mindestens 1 Stunde kalt stellen. Aus dem Teig etwa 12 cm lange und 2,5 cm dicke Röllchen formen und diese rundherum im heißen Öl braten oder im 170 °C heißen Fett etwa 5 Minuten frittieren.

Dazu passt Senfsauce (s. S. 61).

Variation:
- mit 2 EL geraspelter, in den Teig gemischter Roter Bete rosa färben

Kohlige Cevapcici

200 g Grünkern, Weizen,
   Hirse oder Vollkornreis
400 ml Wasser
1 TL körnige Gemüsebrühe
1 kleine Zwiebel
100 g Kohlrabi
8 Wirsingkohlblätter
120 g Tofu
3 EL Weizenvollkornmehl
3 EL Hefeflocken
2 EL scharfe Ajvarpaste
½ TL Kräutersalz
½ TL Bohnenkraut
½ TL frisch gemahlener Pfeffer
½ TL gemahlene Fenchelsamen
Öl zum Braten

Das Getreide im Wasser mit der Gemüsebrühe gar kochen. Die Zwiebel schälen und fein schneiden, den Kohlrabi raspeln. Von den Kohlblättern die harten Strünke herausschneiden, dann die Blätter 5 Minuten garen, abtropfen lassen und warm halten. Alle Zutaten – bis auf die Kohlblätter und das Öl – zu einem Teig verkneten, abschmecken und etwas ruhen lassen. Dann aus dem Teig 3 cm dicke und 7 – 8 cm lange Röllchen formen und diese im heißen Öl rundherum leicht knusprig braten. Je ein Röllchen in ein heißes Kohlblatt einrollen und servieren.

Gefälschter Aal

250 – 300 g Räuchertofu
1 große Zwiebel
2 – 3 EL Shoyu
100 g Weizenvollkornmehl
1 EL Hefeflocken
1 Msp frisch gemahlener Pfeffer
und / oder Paprikapulver
1 EL Zitronensaft
4 getrocknete Norialgenblätter
Fett zum Frittieren

Den Räuchertofu zerdrücken, die Zwiebel schälen und hacken. Aus Räuchertofu, Shoyu, Zwiebel, Vollkornmehl, Hefeflocken, Gewürzen und Zitronensaft einen Teig zubereiten. Die Algenblätter mit der rauen Seite nach oben ausbreiten und je ein Viertel des Teiges in die Mitte eines Algenblattes legen. Die Algenränder jeweils mit Wasser anfeuchten und zu einem Päckchen zusammenklappen, das gut geschlossen ist. Mit der zugeklappten Seite auf das Frittiergitter legen und im etwa 170 °C heißen Fett etwa 7 Minuten frittieren.

Dazu passt Reis oder Quinoa ebenso gut wie Kartoffelsalat.

Variationen für die Bratlingsrezepte

- etwa 50 g geröstete und nach Belieben grob oder fein gemahlene Hanfsamen hinzufügen und nach Belieben etwas mehr Gewürze verwenden
- mit Lauch
- mit gekochten Linsen und Bohnen
- mit Sellerie und Zucchini
- mit Schwarzwurzeln
- mit Pastinaken
- mit Topinambur und Radieschenwürfeln
- mit Bockshornkleesprossen
- mit gehackten Pilzen
- mit Äpfeln und Birnen
- mit Kümmel und Salbei
- mit Spinat und Nüssen

Aufstriche

In den folgenden Aufstrichrezepten wird der Tofu entweder mit den übrigen Zutaten cremig püriert, wobei der Aufstrich eine pastenartige Konsistenz bekommt, oder der Tofu wird möglichst fein zerkrümelt und in dieser Form mit den Zutaten vermischt. Eventuell wird gekochtes grobes Getreideschrot beigemischt. Dementsprechend hat der Aufstrich dann eine grobkörnige Beschaffenheit. Für jedes Rezept sind grundsätzlich beide Varianten möglich, auch wenn nur eine genannt ist.

Im Kühlschrank halten sich die meisten Aufstriche einige Tage.

Konservieren lassen sich die Aufstriche durch Erhitzen im Wasserbad bei 95 °C für 1½ Stunden. Dafür geben Sie den Aufstrich in ein sauberes, heißes Glas, das sich mit einem Deckel fest verschließen lässt. Der Aufstrich hält sich auf diese Weise etwa drei Monate.

Kräuteraufstrich

250 g Tofu
2 – 3 Radieschen
1 EL frische Petersilie
  und / oder frischer Schnittlauch
1 TL Majoran
1 – 2 EL Öl
1 gestrichener TL Kräutersalz
1 Prise frisch gemahlener Pfeffer

Den Tofu fein zerkrümeln, Radieschen und Kräuter hacken. Alle Zutaten vermischen und abschmecken.

Garten-Tofu

1 Hand voll junge Brennnesselblätter
nach Belieben:
- *1 TL Gartenkresse*
- *1 TL frischer Thymian*
- *1 TL frischer Kerbel*
- *1 TL frischer Salbei*
- *1 TL frischer Schnittlauch*
- *1 TL frischer Majoran*
- *1 TL frischer Dill*

200 g Tofu
2 EL Öl
1 EL Zitronensaft
Salz nach Belieben
frisch gemahlener Pfeffer
  nach Belieben

Die Brennnesselblätter mit heißem Wasser übergießen, damit sie ihre Brennwirkung verlieren. Anschließend ebenso wie die Gartenkräuter hacken. Alle Zutaten miteinander verrühren oder pürieren.

Senfpaste

1 Knoblauchzehe
250 g Tofu
1 EL frischer Schnittlauch
1 – 2 EL Öl
1 EL Shoyu
1 TL – 1 EL Senf
1 TL – 1 EL Hefeflocken
½ TL Currypulver

Knoblauch schälen und ebenso wie den Schnittlauch hacken. Alle Zutaten zu einem cremigen Aufstrich pürieren.

Meerrettich-Oliven-Aufstrich

1 Hand voll Oliven
250 g Tofu
2 EL Olivenöl
1 EL Shoyu
1 TL – 1 EL frisch geriebener Meerrettich
½ TL frisch gemahlener Pfeffer
1 Prise Currypulver oder Chilipulver

Die Oliven entsteinen und hacken. Alle Zutaten zu einem cremigen Aufstrich verrühren.

Pesto-Tofu

80 – 100 g Pinienkerne
1 – 2 Knoblauchzehen
2 EL frische Basilikumblätter
250 g Räuchertofu
100 g Hefeflocken
5 – 6 EL Olivenöl
1 – 2 EL Zitronensaft
1 Prise Salz
1 Prise frisch gemahlener Pfeffer
   oder Currypulver

Pinienkerne rösten und fein hacken, Knoblauchzehen schälen und ebenso wie die Basilikumblätter fein hacken. Den Tofu pürieren und mit allen übrigen Zutaten vermischen oder alles zusammen pürieren und abschmecken.

Variation:

- im Frühjahr mit frischem Bärlauch statt Basilikum

Tzatziki-Aufstrich

200 g Tofu
100 ml Sojamilch
½ Salatgurke
1 EL frischer Schnittlauch
  oder frische Petersilie
1 – 2 Knoblauchzehen
2 EL Olivenöl
1 EL Zitronensaft
1 Prise Salz
1 Prise frisch gemahlener Pfeffer

Den Tofu mit der Sojamilch pürieren. Die Salatgurke in kleine Würfel schneiden, die Kräuter hacken, die Knoblauchzehen schälen und fein hacken. Alle Zutaten miteinander verrühren oder pürieren.

Sesamaufstrich

1 Zwiebel
1 Knoblauchzehe
1 TL frisches Basilikum
1 TL frischer Schnittlauch
200 g Räuchertofu
2 EL Tahin
2 EL Shoyu
2 EL Zitronensaft
1 – 2 EL Hefeflocken
1 Prise frisch geriebener Muskat
1 Prise frisch gemahlener Pfeffer

Zwiebel und Knoblauchzehe schälen und ebenso wie die Kräuter fein hacken. Alle Zutaten miteinander verrühren oder pürieren.

Zwiebel-Spinat-Aufstrich

1 Zwiebel
1 Knoblauchzehe
1 – 2 EL gedünsteter Spinat
250 g Tofu oder Räuchertofu
1 – 2 EL Öl
1 EL Shoyu
½ TL Senf
½ TL Bohnenkraut
1 Prise frisch gemahlener Pfeffer
1 Prise frisch geriebener Muskat

Zwiebel und Knoblauchzehe schälen und ebenso wie den Spinat fein hacken. Alle Zutaten zu einem cremigen Aufstrich verrühren oder pürieren.

Variation:
- statt 1 Zwiebel 50 g Röstzwiebel verwenden

Nuss-Paprika-Aufstrich

1 Zwiebel
1 Knoblauchzehe
1 rote Paprikaschote
1 kleiner Apfel
2 EL Cashewnüsse oder Walnüsse
250 g Tofu
2 – 3 EL Zitronensaft
1 – 2 EL Öl
1 Prise Paprikapulver
1 Prise frisch gemahlener Pfeffer
1 Prise Salz
frische Minze

Zwiebel und Knoblauch schälen und fein hacken. Paprika und Apfel entkernen und fein hacken. Nüsse ebenfalls fein hacken. Zwiebel, Knoblauch, Paprika, Apfel und Nüsse mit Tofu, Zitronensaft, Öl, Paprikapulver, Pfeffer und Salz zu einem cremigen Aufstrich verrühren oder pürieren. Die Minze fein hacken und den Aufstrich damit abschmecken.

Hanfaufstrich

150 g Tofu nach Wahl
1 – 2 Zwiebeln
1 – 2 Knoblauchzehen
1 Apfel
50 g Hanfsamen
1 – 2 EL Shoyu
1 EL Zitronensaft
1 TL Senf
1 TL Majoran
1 TL Sesamsamen
nach Belieben:
- *frisch gemahlener Pfeffer*
- *Currypulver*
- *Ingwerpulver oder frisch geriebene Ingwerwurzel*

Den Tofu fein zerkrümeln, die Zwiebeln und den Knoblauch schälen und fein hacken, den Apfel entkernen und fein hacken, die Hanfsamen rösten und mahlen. Alle Zutaten zu einer grobkörnigen Mischung verrühren.

Tofu-Miso-Paste

100 g Räuchertofu
1 große Möhre
2 EL reine Pflanzenmargarine
1 EL Tahin
1 EL Hefeflocken
1 TL Miso
1 TL Garam Masala
1 Prise frisch gemahlener Pfeffer
1 Prise gemahlener Piment
eventuell 2 – 4 EL Wasser

Den Räuchertofu zerkrümeln und die Möhre weich kochen und klein schneiden. Alle Zutaten zu einer cremigen Paste verarbeiten. Eventuell noch etwas Wasser dazugeben.

> Sie können den Aufstrich auch in eine Spritztüte füllen und Gebäck oder Ähnliches damit dekorieren (s. auch Partysnacks ab S. 118).

Orient-Paste

100 g gegarte Kichererbsen
1 große Zwiebel
1 Knoblauchzehe
1 TL Melissenblätter
100 g Räuchertofu
1 EL Shoyu
½ TL Currypulver
½ TL gemahlener Koriander
½ TL gemahlener Kreuzkümmel
und / oder Kebabpaste
1 Prise Vollrohrzucker nach Belieben

Die gegarten Kichererbsen pürieren. Zwiebel und Knoblauch schälen und ebenso wie die Melissenblätter fein hacken. Alle Zutaten miteinander verrühren oder pürieren.

Pikante Maronipaste

150 g Räuchertofu
100 g Maronen
75 – 100 ml Sojamilch
1 – 2 EL Olivenöl
1 EL Gomasio
1 EL Zitronensaft
1 Prise Pfeffer
1 Prise Currypulver
und / oder gemahlener Koriander

Den Räuchertofu zerkrümeln. Die Maronen kreuzweise an den flachen Seiten einschneiden, im vorgeheizten Backofen bei 150 °C 30 – 40 Minuten backen, anschließend schälen und zerkleinern. Alle Zutaten zu einer feinen Paste verrühren oder pürieren.

Variation:
- 1 – 2 EL gekochte Bohnen und / oder 1 gekochte Zwiebel unterrühren

Getreideaufstrich

*50 – 100 g Grünkernschrot
oder Weizenschrot
Wasser zum Kochen des Schrots
1 Möhre
1 – 2 EL frische Kräuter
nach Belieben
100 g Räuchertofu
oder marinierter Tofu
50 g reine Pflanzenmargarine
1 – 2 EL Tomatenmark
nach Belieben:*
- *Shoyu*
- *Senf*
- *frisch gemahlener Pfeffer*
- *Currypulver*

Das Grünkern- oder Weizenschrot im Wasser gar kochen, die Möhre raspeln und die Kräuter hacken. Alle Zutaten miteinander verrühren und abschmecken.

Brokkoli-Amarant-Aufstrich

*100 g Amarant
300 ml Wasser
½ TL körnige Gemüsebrühe
100 g Brokkoli
50 g Mandeln
100 g Räuchertofu
1 TL Hefepaste
etwas Shoyu
½ TL Curryulver, Paprikapulver
oder Garam Masala*

Amarant im Wasser mit der Gemüsebrühe garen. Brokkoli in Röschen teilen und ebenfalls garen. Mandeln rösten und mahlen, Tofu zerkrümeln. Amarant mit gegartem Brokkoli, Mandeln, Tofu und den restlichen Zutaten mischen und pürieren.

Waldorf-Paste

200 g Tofu
2 – 4 EL Sojamilch
1 – 2 EL Öl
1 – 2 EL Zitronensaft
1 EL Weißwein
  oder alkoholfreier Weißwein
1 EL blaue Weintrauben
1 Apfel
100 g Sellerie
50 – 80 g Walnüsse
1 EL Chrysanthemenblüten
1 Prise Vollrohrzucker
Salz
frisch gemahlener Pfeffer

Den Tofu mit Sojamilch, Öl, Zitronensaft und Wein cremig pürieren. Weintrauben vierteln oder achteln, Apfel raspeln, Sellerie reiben, Walnüsse rösten und hacken und die Chrysanthemenblüten fein hacken. Alle Zutaten cremig miteinander verrühren.

Pilz-Schmilz-Aufstrich

1 große Zwiebel
1 – 2 Äpfel
100 g Pilze
1 TL Mohn
etwas Wasser
100 g Kokosfett
100 g Räuchertofu
1 TL Majoran
1 TL Thymian
1 TL Estragon
1 Prise frisch geriebener Muskat
1 Prise frisch gemahlener Pfeffer
1 Prise Salz

Zwiebel schälen und fein hacken, Äpfel entkernen und fein hacken, Pilze klein schneiden und dünsten. Den Mohn mahlen und in etwas Wasser weich kochen. Das Kokosfett erhitzen und die Zwiebel darin dünsten. Einen Teil der Zwiebel mit dem Tofu pürieren. Anschließend alle Zutaten gut miteinander verrühren und kalt stellen.

Variation:

- statt Mohn geröstete, gemahlene Hanfsamen verwenden

Auberginen-Algen-Aufstrich

*1 Blatt getrocknete Kombualge
Wasser zum Einweichen der Alge
150 g Aubergine
2 Zwiebeln
1 Knoblauchzehe
Öl zum Braten
150 g Räuchertofu
100 ml Wasser
2 EL Olivenöl
1 TL Miso
1 EL Hefeflocken
1 EL Shoyu
1 EL Tahin
1 TL Senf
1 TL gemahlener Koriander
nach Belieben:*
- *Paprikapulver*
- *Liebstöckel*
- *Basilikum*
- *Oregano*

Die Alge im Wasser einweichen und anschließend fein hacken. Die Aubergine würfeln. Zwiebeln und Knoblauch schälen, fein hacken und zusammen mit der Aubergine etwa 10 Minuten im heißen Öl anbraten. Dann alles zusammen pürieren und abschmecken.

Variationen:
- mit Dill
- mit gekochtem Grünkern, Buchweizen oder gekochter Gerste
- mit Paprikaschoten und Zucchini
- mit Kapern und Oliven
- mit Sambal Olek und Kebabpaste
- mit Meerrettich und Melisse
- mit Gänseblümchen, Sauerampfer und Löwenzahn
- mit gekochten Linsen, Erbsen und Kidneybohnen
- mit Erdnüssen oder Kürbiskernen

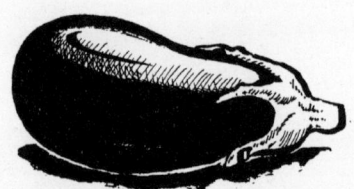

Tofuschnittwurst

1 – 2 EL Oliven
1 – 2 Knoblauchzehen
400 g marinierter Tofu
  oder Räuchertofu
50 g reine Pflanzenmargarine
50 g Weizenvollkornmehl
50 g Stärkemehl
2 – 3 EL Hefeflocken
1 EL Senf
1 EL Shoyu
1 EL Tahin
1 TL frisch geriebener Meerrettich
1 TL Majoran
1 TL Kräutersalz
1 Prise frisch gemahlener Pfeffer
6 g Guarkernmehl
1 größerer Kunstdarm
  mit fester Schnur

Weitere Variationen für pikante Aufstriche

- Avocado-Zitronen-Paste
- Gemüseaufstrich
- Rote-Bete-Apfel-Creme
- Curry-Ananas-Paste
- Paprika-Möhren-Kresse-Aufstrich
- Ägyptische Linsenpaste
  mit einer Prise Gewürznelken
- Rosmarin-Kapern-Aufstrich
- Sprossen-Rettich-Dill-Creme
- Schalotten-Oliven-Mandel-Paste
  mit Räuchertofu
- Huflattich-Kürbis-Sonnenblumen-Paste

Oliven entkernen und fein hacken, Knoblauchzehen schälen und ebenfalls fein hacken. Alle Zutaten vermischen, pürieren, abschmecken und in den Kunstdarm füllen, der an einem Ende schon zugebunden ist. Fest drücken, sodass keine Hohlräume mehr vorhanden sind. Das andere Ende fest verschnüren. In kochendes Wasser geben und etwa 1,5 Stunden leicht kochen lassen. Anschließend abkühlen lassen, die Haut entfernen und die Tofumasse in dünne Scheibchen schneiden.

Kann zum Beispiel als Aufschnittplatte serviert werden.

Süße Maronipaste

80 – 100 g Maronen
1 – 2 Äpfel nach Belieben
150 g Tofu
75 – 100 ml Sojamilch
1 – 2 EL Sonnenblumenöl
1 – 2 EL Sirup oder anderes
  Süßungsmittel nach Belieben
1 EL Zitronensaft
1 Prise Salz
1 Prise Zimtpulver
1 Prise gemahlene Vanille

Die Maronen kreuzweise an den flachen Seiten einschneiden und im vorgeheizten Backofen bei 150 °C 30 – 40 Minuten backen. Anschließend schälen und zerkleinern. Die Äpfel entkernen und hacken. Alle Zutaten cremig miteinander verrühren.

Morgenrot

50 – 100 g Weizenvollkorngrieß
150 – 200 ml Wasser
100 g Tofu
100 g Johannisbeerkonfitüre
1 – 2 EL Zitronensaft
1 – 2 EL Öl
1 EL Sirup
½ TL Zimtpulver
½ TL gemahlener Anis
1 Prise Salz

Den Weizengrieß im Wasser gar kochen. Die übrigen Zutaten gut mixen und mit dem Grieß cremig verrühren.

> Jede Tofucreme, insbesondere süße Creme, lässt sich mit wenigen (höchstens 2 – 3) Tropfen guter ätherischer Öle wie Fliederöl, Veilchenöl, Orangenblütenöl oder Rosenöl noch verfeinern.

Apritofu

*80 g getrocknete Aprikosen
Wasser zum Einweichen
    der Aprikosen
100 g Bulgur
etwa 200 ml Wasser
1 Apfel
100 g Tofu
2 EL Sirup oder anderes
    Süßungsmittel nach Belieben
1 EL Mandelmus
1 Prise Salz
1 Prise Zimtpulver
1 Prise gemahlene Vanille*

Die Aprikosen in wenig Wasser einweichen und anschließend klein schneiden. Bulgur im Wasser gar kochen. Den Apfel entkernen und fein hacken. Tofu zerkrümeln und mit den übrigen Zutaten cremig pürieren.

Kiwi-Bananen-Creme

*2 Bananen
2 Kiwis
100 g Tofu
1 EL Zitronensaft
1 EL Öl
1 EL Ahornsirup
1 Prise Salz
1 Prise Zimtpulver
1 Prise gemahlene Vanille*

Das Obst schälen und vier Kiwischeiben zum Garnieren beiseite legen. Alle Zutaten bis auf die vier Kiwischeiben pürieren und abschmecken. Mit den Kiwischeiben garnieren und sofort servieren.

Variationen:
- mit einigen Tropfen Rosenwasser

- mit einigen Sonnenblumenblütenblättern garnieren

- mit Pflaumen, Birnen und / oder Weintrauben

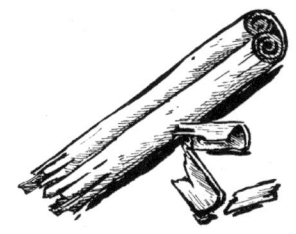

Hanf-Kirsch-Aufstrich

2 – 3 getrocknete Feigen
Wasser zum Einweichen der Feigen
80 – 100 g Kirschen
50 g Hanfsamen
100 g Tofu
1 EL Sirup
1 Prise Salz
1 Prise gemahlene Vanille
1 Prise Zimtpulver
1 Prise Ingwerpulver

Feigen im Wasser einweichen und anschließend klein schneiden. Kirschen entsteinen und ebenfalls klein schneiden. Die Hanfsamen rösten und mahlen. Den Tofu zerdrücken. Alle Zutaten miteinander verrühren, gut pürieren und abschmecken.

Brombeer-Nuss-Aufstrich

50 – 100 g Haselnussmus
    oder Haselnüsse
100 g Tofu
50 – 100 g Brombeeren
1 – 2 EL Sirup oder anderes
    Süßungsmittel nach Belieben
1 EL Zitronensaft
1 Prise Salz
1 Prise Zimtpulver
1 Prise gemahlene Vanille

Wenn Haselnüsse verwendet werden, diese rösten und mahlen. Dann alle Zutaten miteinander pürieren.

Möhren-Nuss-Aufstrich

100 g Tofu
2 – 3 Möhren
80 – 100 g Cashewnüsse
   oder Haselnüsse
1 – 2 Äpfel
1 – 2 EL Sirup mit Zitronensaft
frisch geriebene Ingwerwurzel
   und / oder 1 EL Rosinen
   nach Belieben
1 TL Lavendelblüten
1 Prise Salz
1 Prise gemahlene Gewürznelken
1 Prise gemahlener Piment

Den Tofu gut zerkrümeln, die Möhren raspeln, die Nüsse hacken und rösten, die Äpfel entkernen und fein reiben. Alle Zutaten zu einer grobkörnigen Masse vermischen oder cremig pürieren.

Birnencreme mit Mohntofu

80 – 100 g Mohn
etwas Wasser
2 – 3 weiche Birnen
100 g Tofu
2 EL Sirup oder anderes
   Süßungsmittel nach Belieben
1 – 2 EL Zitronensaft
½ TL Zimtpulver
½ TL gemahlene Vanille
1 Prise gemahlener Kardamom
1 Prise Salz

Den Mohn mahlen und mit etwas Wasser weich kochen. Die Birnen entkernen und klein schneiden. Dann alle Zutaten miteinander pürieren.

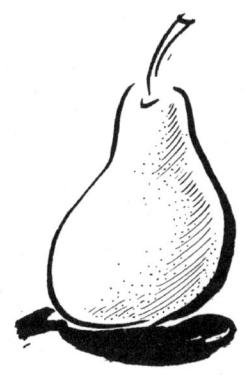

Partysnacks

Mit Partysnacks aus Tofu haben Sie die beste Gelegenheit, die enorme Vielfalt von Tofu vorzuführen. Die angenehme Überraschung Ihrer Gäste wird Ihnen gewiss sein, denn Käsehäppchen und Kartoffelchips kennt schon jeder. Und der Tofu findet auf diese Weise bestimmt neue Freunde.

Rosenkohlsticks

Für 10 Sticks:
10 Rosenkohlröschen
10 Mandarinenschnitze
10 Tofuwürfel (2 × 2 × 2 cm)
Marinade nach Wahl (s. S. 42)
Öl zum Braten
*   oder Fett zum Frittieren*
10 Zahnstocher
10 Radieschenscheiben
*   oder Möhrenscheiben*
Rettichscheiben und Gurkenscheiben
*   zum Garnieren der Platte*

Die Rosenkohlröschen garen und die Mandarinenschnitze putzen. Die Tofuwürfel in einer Marinade nach Wahl marinieren, anschließend braten oder frittieren. In jeden Tofuwürfel einen Zahnstocher stecken, sodass das Spießchen stabil steht, darauf ein Rosenkohlröschen, dann eine Möhren- oder Radieschenscheibe und zuletzt ein Mandarinenstück so auf den Zahnstocher stecken, dass noch Platz zum Anfassen bleibt. Auf einer Platte anrichten und mit Rettich- oder Gurkenscheiben garnieren.

Fliegenpilztofu

150 g Tofu oder Räuchertofu
Marinade nach Wahl (s. S. 42)
Öl zum Braten
8 kleine Tomaten
1 – 2 EL Tofunaise (s. S. 56)

Aus dem festen Tofu mit einem Apfelausstecher acht Stiele von 3 – 4 cm Länge und 2 cm Durchmesser ausstechen. Diese Stiele in einer Marinade nach Wahl marinieren und anschließend im heißen Öl anbraten. Anschließend kalt stellen. Die Tomaten halbieren, etwas aushöhlen und je eine Tomatenhälfte auf einen Tofustiel stellen. Mit der Tofunaise vorsichtig kleine weiße Tupfer auf die Tomatenhälften setzen. Voilà.

Party-Salat-Platte

Gurken
Rettich
Möhren
Tofu
Avocados
Zitronensaft
Tomaten
Tofuaufschnitt nach Wahl
2 – 3 Dressings in verschiedenen
*   Farben nach Wahl (ab S. 56)*

Zur Dekoration:
Sonnenblumenblütenblätter
1 Tomate

Gurken mit dem Buntschneidemesser in gewellte Scheiben schneiden. Rettich und Möhren mit dem Canneliermesser einschneiden und anschließend in Scheiben schneiden, den Tofu in Stäbchen schneiden. Avocados halbieren, entkernen, schälen und in Scheiben schneiden. Avocadoscheiben gefächert auf einer Salatplatte ausbreiten und mit etwas Zitronensaft beträufeln. Die Möhrenscheiben auf die Rettichscheiben legen und zusammen mit den Gurkenscheiben ebenfalls auf der Platte anrichten. Die Tomaten in Scheiben schneiden und mit den Tofustäbchen und dem Tofuaufschnitt dazulegen. Die Dressings in Schälchen servieren. Zur Dekoration an den Rand der Platte ringsherum frisch gepflückte Sonnenblumenblütenblätter legen. Die Tomate für die Dekoration schälen und aus der Schale eine Rose formen. Diese in die Mitte der Salatplatte legen.

Indonesische Platte

200 – 300 g Tofu
200 – 300 g Tempeh
Marinade nach Wahl (s. S. 42)
Fett zum Frittieren
1 Rezeptmenge indisches
*   Erdnussdressing (s. S. 59)*
Orangenscheiben
Gurkenscheiben
frische Petersilie
*   oder frischer Schnittlauch*

Tofu und Tempeh in dünne, 7 – 8 cm lange Stifte schneiden und in eine Marinade nach Wahl einlegen. Nach etwa 30 Minuten abtropfen lassen und im heißen Fett 3 – 4 Minuten knusprig frittieren. Die frittierten Tofu- und Tempehstifte sternförmig auf einer runden Platte anordnen, sodass in der Mitte ein freier Kreis von etwa 10 cm Durchmesser bleibt. Dorthin eine kleine Schale mit indischem Erdnussdressing stellen. Orangenscheiben und Gurkenscheiben mit dem Canneliermesser einschneiden, halbieren und an den Rand der Platte legen. Zuletzt Petersilie oder Schnittlauch hacken und die Stifte damit bestreuen.

Paprikaschnitten

1 Paprikaschote
300 g Kräuteraufstrich (s. S. 104)
3 – 4 EL Hefeflocken
Gewürze nach Belieben

Die Paprikaschote entkernen, dabei die Schote ganz lassen. Den Kräuteraufstrich mit den Hefeflocken mischen, kurz verkneten und mit Gewürzen abschmecken. Diese Paste in die Paprikaschote füllen. Die Schote vorsichtig in 1,5 cm dicke Scheiben schneiden, auf Partytellern anrichten und beliebig garnieren.

Variationen:
- die Farben der Füllung mit den Farben der Paprikaschoten variieren: zum Beispiel eine gelbe Füllung in einer grünen Paprikaschote, eine rote Füllung in einer gelben Schote

- nur die halbe Menge der Mischung herstellen und mit etwa 150 g gekochtem Grünkernschrot oder Bulgur mischen

Gefüllte Champignons

200 g Räuchertofu
Marinade nach Wahl (s. S. 42)
oder Öl zum Braten
12 große Champignons
Öl zum Braten
1 EL Zitronensaft
80 g Zwiebel
50 g gegarte Erbsen
50 g gegarte rote Bohnen
80 g Hefesauce (s. S. 61)
Öl für die Backform

Den Tofu in kleine Würfel schneiden, in einer Marinade nach Wahl marinieren oder anbraten. Die Pilze vorsichtig entstielen, dann im heißen Öl mit dem Zitronensaft etwa 1 Minuten dünsten. Die Zwiebel schälen und ebenso wie die Pilzstiele fein hacken. Die Tofuwürfel mit der Zwiebel, den Erbsen, Bohnen und der Hefesauce gründlich mischen und in die Pilze füllen. Die Pilze in eine gefettete Backform geben und im vorgeheizten Backofen bei 100 °C wenige Minuten erhitzen.

> Vor dem Servieren noch einen Tupfer pikanten Spritztütentofu (s. S. 44) auf jeden Pilz setzen.

Gefülltes Gemüse

500 – 700 g Tofu
Marinade nach Wahl (s. S. 42)
  oder Öl zum Braten
2 Auberginen, 2 Zucchini
  oder 8 große Tomaten
3 – 4 EL Pilzsauce (s. S. 61)
  oder Tomatensauce (s. S. 65)
  nach Belieben

Den Tofu fein würfeln und in einer Mariande nach Wahl marinieren oder anbraten. Wenn Auberginen oder Zucchini verwendet werden, diese längs halbieren. Das Gemüse aushöhlen, den Tofu, eventuell mit Pilzsauce oder Tomatensauce gemischt, in das ausgehöhlte Gemüse füllen. Das gefüllte Gemüse anschließend in einem Topf mit wenig Wasser garen oder in einer Form im Backofen backen. Tomaten brauchen etwa 10 Minuten, Zucchini und Auberginen etwa 20 Minuten. Für acht Tomaten wird etwa 600 g Füllung benötigt, für vier Auberginenhälften 500 – 600 g Füllung und für Zucchini je nach Größe 400 – 600 g.

Variationen:
- gefüllte Paprikaschoten
- gefüllte Zwiebeln
- gefüllte Kohlrabis

> Probieren Sie mal Vollkorn-Pitabrot mit pikant-würziger Tofufüllung.

Gefüllte Weinblätter

Für die Füllung:
100 g Räuchertofu
100 g gekochter Bulgur
1 EL Kürbiskerne
1 EL Pinienkerne
2 EL Korinthen nach Belieben
1 EL fein gehackte Minze
1 EL fein gehackter Salbei

Für die Sauce:
200 ml Gemüsebrühe
2 EL Tomatenmark
2 EL Zitronensaft
2 EL Olivenöl

Außerdem:
16 eingelegte Weinblätter
Öl für die Form

Die Weinblätter in leicht kochendes Wasser geben und 8 Minuten kochen. Abtropfen lassen und mit der matten Seite nach oben ausbreiten. Alle Zutaten für die Füllung gut miteinander vermengen. Dann je ein Achtel der Füllung (etwa 1½ TL) so auf je zwei Weinblättern verteilen, dass daraus je ein Päckchen gefaltet werden kann, indem die Blätter an den Seiten eingeschlagen und zusammengelegt werden. Auf diese Weise acht Päckchen falten und in eine gefettete Bratform legen. Alle Zutaten für die Sauce verrühren. Die Sauce über die Weinblätter gießen und diese in der Form im vorgeheizten Backofen bei 200 °C 20 – 30 Minuten backen.

Dazu passt Tzatziki-Aufstrich (s. S. 106) und Vollkornbaguette.

Chicoréeschiffchen

200 g Räuchertofu
1 – 2 rote Zwiebeln
1 Knoblauchzehe
50 g Haselnüsse oder Cashewnüsse
1 EL Tofu-Crème-fraîche (s. S. 45)
1 EL Shoyu
1 TL Currypulver
oder frisch gemahlener Pfeffer
8 große Chicoréeblätter
Tomatenschnitze
Mandarinenschnitze

Den Räuchertofu fein zerkrümeln, die Zwiebeln und den Knoblauch schälen und fein hacken. Die Haselnüsse oder Cashewnüsse rösten und grob hacken. Diese Zutaten mit der Tofu-Crème-fraîche mischen und mit den Gewürzen abschmecken. Die Chicoréeblätter sternförmig auf einer Platte anrichten und je 1 gehäuften TL Tofu-Zwiebel-Nuss-Mix in die Mitte eines Blattes legen. Davor und dahinter abwechselnd je einen Tomatenschnitz und einen Mandarinenschnitz legen.

Tofustiftsalat

400 g Tofu
100 – 200 g Gemüse nach Wahl
Marinade nach Wahl (s. S. 42)
Öl zum Braten
oder Fett zum Frittieren
1 Rezeptmenge Tofunaise (s. S. 56)

Den Tofu und das Gemüse in dünne, 7 – 8 cm lange Stifte schneiden, anschließend den Tofu in einer Marinade nach Wahl marinieren und abtropfen lassen. Die Tofustifte im heißen Öl oder Fett 2 Minuten kross werden lassen. Alle Stifte mischen und aufrecht in schmale Schalen stecken. Dazu Tofunaise zum Dippen reichen.

Der Tofustiftsalat lässt sich ideal mit der Party-Salat-Platte (s. S. 119) kombinieren.

Variation:
- auch die Gemüsestifte braten

Würfelmischung

Tofu
Öl zum Braten
oder Fett zum Frittieren
Gemüse nach Wahl
Tofunaise (s. S. 56)

Tofu würfeln und anschließend im heißen Öl braten oder im heißen Fett frittieren. Das Gemüse würfeln und alle Würfel auf einem dunklen Teller anrichten. Dazu Tofunaise zum Dippen reichen.

Tofu am Spieß

Pilze
Zwiebeln
Paprikaschoten
Sellerie
Möhren
Gurken und / oder Äpfel
marinierter oder geräucherter Tofu
Holzspieße oder Metallspieße
Öl für die Form oder zum Braten
Knoblauch-Kräuter-Öl
  zum Bestreichen

Pilze und Gemüse je nach Art putzen, schälen und entkernen. Dann vorgaren und in Stücke oder Scheiben schneiden. Gegebenenfalls Äpfel entkernen und ebenfalls in Stücke schneiden. Den Tofu in etwa 2 cm große Würfel schneiden. Tofu abwechselnd mit Pilzen, Zwiebel-, Paprika-, Sellerie- und Apfelstücken, Gurken- und Möhrenscheiben aufspießen und zusammenschieben, sodass beidseitig noch etwas Platz zum Anfassen bleibt. Spieße in eine gefettete Form legen und im vorgeheizten Backofen bei etwa 170 °C etwa 10 Minuten erhitzen, zwischendurch zweimal mit Knoblauch-Kräuter-Öl bestreichen. Oder die Spieße im heißen Öl braten und dabei wenden.

Variation:
- **Sterntofu-Spieß:**
  pro Spieß
  4 frittierte Tofusterne (s. S. 46),
  3 cannelierte Möhrenscheiben,
  3 entkernte Oliven und
  3 Radieschenscheiben mit einem Holzspieß oder Metallspieß aufspießen und etwas zusammenschieben, sodass beidseitig noch etwas Platz zum Anfassen bleibt

> Im Sommer ideal draußen auf dem Grill!

Gefüllter Räuchertofu

Für eine Portion:
250 g Räuchertofu
1 – 2 EL Sauerkraut
2 – 3 EL Tofunaise (s. S. 56)
Öl für das Blech

Das feste Räuchertofustück vorsichtig mit einem Teelöffelstiel an einer der flachen, schmalen Seiten etwas aushöhlen. Das Sauerkraut mit der Tofunaise mischen und in die Öffnung füllen. Tofu auf einem gefetteten Blech im vorgeheizten Backofen bei 150 °C 8 – 10 Minuten erhitzen. Nach Belieben leicht kross werden lassen.

Mit einer beliebigen Sauce (ab S. 60) zu grünem Salat servieren.

Variation:
- als Füllung geraspelte Möhren und Pastinaken mit Sprossen und etwas Spinatsauce (s. S. 61) mischen und abschmecken

Tofuburger

Für einen Burger:
1 Sesam-Vollkornbrötchen
2 TL pikanter Tofuaufstrich nach Wahl
  (ab S. 104)
1 – 2 Salatblätter
1 erhitzter Bratling nach Wahl
  (ab S. 96)
1 große Tomatenscheibe
  oder Gurkenscheibe

Das Brötchen halbieren, die Brötchenhälften vorwärmen und mit einem pikanten Aufstrich nach Wahl bestreichen. Den Salat auf die Brötchenhälften legen, dann den erhitzten Bratling und darauf die Tomate oder Gurke legen. Zuletzt das Brötchen zusammenklappen.

Tofubaguette

1 Sesam-Vollkornbaguette
einige Radieschen
400 g Kräuteraufstrich (s. S. 104)
1 TL Kümmelsamen
3 – 4 EL Hefeflocken
2 EL frische Sprossen

Das Baguette in drei gleich große Stücke schneiden und mit einem Löffelstiel vorsichtig aushöhlen. Die Radieschen fein hacken. Aufstrich, Kümmel, Radieschen, Hefeflocken und Sprossen mit der Baguettemasse mischen und gut verrühren. Die ausgehöhlten Baguettestücke mit der Masse füllen, kalt stellen und anschließend in dicke Scheiben schneiden.

Regenbogentofu

Schwarzbrotscheiben
Tofuaufstriche in verschiedenen Farben nach Wahl (ab S. 104)

Schwarzbrotscheiben mit verschiedenfarbigen Aufstrichen bestreichen (gelber, roter, grüner und blauer Aufstrich). Die Brotscheiben in schmale Streifen oder Dreiecke schneiden und in den Farben des Regenbogens anordnen.

Hit-Kartoffeln

8 große Kartoffeln
Öl für das Backblech
200 g Räuchertofu
1 – 2 rote Zwiebeln
1 Knoblauchzehe
50 g Mandeln oder Cashewnüsse
1 EL Shoyu
1 EL Tofu-Crème-fraîche (s. S. 45)
1 TL Currypulver
*   oder frisch gemahlener Pfeffer*

Die Kartoffeln längs halbieren, bissfest kochen und mit den Schnittseiten nach oben auf ein gefettetes Backblech legen. Aus der Mitte jeder Kartoffelhälfte vorsichtig 1 EL Masse entnehmen. Den Räuchertofu fein zerkrümeln, die Zwiebeln und den Knoblauch schälen und fein hacken, Mandeln oder Cashewnüsse rösten und grob hacken. Das Ausgehöhlte der Kartoffeln mit Räuchertofu, Zwiebeln, Knoblauch, Mandeln oder Cashewnüssen und den übrigen Zutaten mischen. Die ausgehöhlten Kartoffeln gut mit dieser Mischung füllen und im vorgeheizten Backofen bei etwa 170 °C etwa 10 Minuten überbacken.

Variationen:
- mit gegarten Linsen oder Kichererbsen

- mit Kümmel oder gehackten, eingeweichten Meeresalgen

- mit Hefesauce (s. S. 61) und Tomaten

Grundrezept für würzigen Hefeteig

Für etwa 650 g Hefeteig:
20 g frische Hefe
½ TL Sirup
150 ml warmes Wasser
450 g Weizenvollkornmehl
2 EL Öl
nach Belieben:
- ½ TL Kräutersalz
- ½ TL Majoran
- ½ TL frisch gemahlener Pfeffer
- ½ TL Kräuter der Provence oder Pizzagewürz

Hefe mit Sirup im Wasser auflösen und mit 250 g Mehl gut verrühren. Etwa 40 Minuten zugedeckt an einem warmen Ort gehen lassen. Dann den Teig mit dem restlichen Mehl, dem Öl und den Gewürzen verkneten und nochmals 20 Minuten gehen lassen. Zuletzt sollte der Teig glatt und geschmeidig sein und nicht mehr kleben.

Zwiebelkuchen

650 g würziger Hefeteig
 (s. nebenstehendes Rezept)
etwa 1,5 kg weiße und rote Zwiebeln
250 – 300 g Räuchertofu
Öl für das Backblech
frisch gemahlener Pfeffer
frisch geriebener Muskat
Kerbel nach Belieben
Shoyu nach Belieben

Den Hefeteig wie im Grundrezept angegeben zubereiten. Zwiebeln schälen und in dünne Scheiben schneiden, Tofu in kleine Würfel schneiden. Hefeteig auf einem gefetteten Backblech ausrollen, nochmals etwas gehen lassen und anschließend mit den Zwiebeln, dem Tofu und den Würzzutaten belegen. Zwiebelkuchen im vorgeheizten Backofen bei etwa 190 °C 20 – 30 Minuten backen.

Hanftaschen

600 g würziger Hefeteig (s. S. 126)
100 g Hanfsamen
200 g Räuchertofu
1 – 2 rote Zwiebeln
1 Knoblauchzehe
50 g Mandeln oder Cashewnüsse
100 g gegartes Getreide nach Wahl
50 g Haferflocken
1 EL Tofu-Crème-fraîche (s. S. 45)
1 EL Shoyu
1 TL Currypulver
*   oder frisch gemahlener Pfeffer*
gemahlener Kreuzkümmel
*   und / oder Kebabpaste*
Öl für das Backblech
Knoblauchöl zum Einpinseln

Den Hefeteig wie im Grundrezept angegeben herstellen. Die Hanfsamen rösten und mittelfein mahlen. Räuchertofu raspeln oder fein zerkrümeln, Zwiebeln und Knoblauch schälen und fein hacken, Mandeln oder Cashewnüsse rösten und grob hacken. Für die Füllung Tofu, Hanfsamen, Mandeln oder Nüsse, Getreide, Haferflocken, Zwiebeln, Knoblauch, Tofu-Crème-fraîche, Shoyu und Gewürze mischen und abschmecken. Den Hefeteig in vier gleich große Stücke teilen und jedes Stück ausrollen. Je ein Viertel der Füllung in die Mitte eines Teigstückes geben. Den Teig ringsherum zuklappen, den Rand mit einer Gabel fest zusammendrücken und die Teigtaschen auf ein gefettetes Backblech legen. Im vorgeheizten Backofen bei etwa 180 °C etwa 20 Minuten backen. Dabei mehrmals mit Knoblauchöl einpinseln.

Pizza

500 g würziger Hefeteig (s. S. 126)
250 – 500 g Tofu oder Räuchertofu
Marinade nach Wahl (s. S. 42)
Öl zum Braten und für das Backblech
nach Belieben:
- *Thymian*
- *Kräuter der Provence*
- *Oregano*

150 g Tomatenmark
2 – 4 Tomaten
100 g Champignons
2 – 3 Zwiebeln
1 – 2 Paprikaschoten
nach Belieben:
- *1 Hand voll Oliven*
- *Salz*
- *frisch gemahlener Pfeffer,*
  Paprikapulver oder Pizzagewürz

200 g Hefesauce (s. S. 61)

Den Hefeteig wie im Grundrezept angegeben herstellen. Tofu in dünne Scheiben schneiden, marinieren und nach Geschmack vorbraten. Den Teig, nachdem er zum zweiten Mal gegangen ist, auf einem gefetteten Backblech ausrollen, mit den Kräutern bestreuen und nochmals gehen lassen. Mit Tomatenmark bestreichen. Die Tomaten und die Champignons in Scheiben schneiden, die Zwiebeln schälen und in Ringe schneiden, die Paprikaschoten entkernen und in dünne Streifen schneiden. Diese Zutaten und die Oliven gleichmäßig auf dem Teig verteilen, mit Salz, Pfeffer, Paprikapulver oder Pizzagewürz würzen und die Hefesauce darüber verteilen. Pizza im vorgeheizten Backofen bei 200 °C 15 – 20 Minuten knusprig backen.

Gefüllte Reisblätter oder Yufkateigblätter

Für 8 – 10 gefüllte Teigblätter:
1 Schalotte
1 Knoblauchzehe
1 mittelgroßer Zucchino
1 mittelgroße Aubergine
1 rote Paprikaschote
100 g Champignons
200 g marinierter Tofu
Öl zum Braten
  oder Fett zum Frittieren
1 TL Salz
1 TL Garam Masala
8 – 10 Reisblätter
  oder Yufkateigblätter

Die Schalotte und die Knoblauchzehe schälen und fein schneiden. Das Gemüse, die Pilze und den Tofu in kleine Würfel schneiden. Schalotte, Knoblauch, Gemüse, Pilze und Tofu mischen, einige Minuten im heißen Öl braten und mit Salz und Garam Masala würzen.

Für **gefüllte Reisblätter** die Reisblätter gleichmäßig anfeuchten, jeweils etwa 2 EL der Gemüse-Tofu-Mischung in die Mitte eines Reisblattes geben, nach etwa 1 Minute das Blatt ringsherum verschließen, sodass eine Art Beutel entsteht. Die so gefüllten Reisblätter 1 – 2 Minuten vorsichtig im 170 °C heißen Fett frittieren und servieren.

Für **gefüllte Yufkateigblätter** die Teigblätter ausbreiten, jeweils 2 EL Füllung in die Mitte eines Teigblattes geben, dieses zusammenrollen, beidseitig verschließen und 3 – 4 Minuten im heißen Öl ausbacken oder im vorgeheizten Backofen bei 180 °C etwa 15 Minuten backen.

Mit einer Sauce nach Wahl servieren.

> Reisblätter sind in asiatischen Lebensmittelgeschäften erhältlich, Yufkateigblätter sind hauchdünne Teigblätter, die es auch in veganer Qualität zum Beispiel in türkischen Lebensmittelgeschäften, aber auch in gut sortierten üblichen Supermärkten zu kaufen gibt.

Vegan-Sushi oder Nori-Mandala

3 gleichmäßig dünne Möhren
1 Stange Lauch
600 g gekochter Klebreis
100 g gelber Rührtofu (s. S. 47)
2 EL Shoyu
1 TL frisch geriebene Ingwerwurzel
1 TL gemahlener Kreuzkümmel
1 TL Paprikapulver
2 Blätter getrocknete Norialgen
eventuell Salatblätter zum Anrichten

Möhren mit dem Canneliermesser längs einschneiden. Lauch längs einschneiden, waschen und so schneiden, dass er etwa die Länge der Algenblätter hat. Dann das Gemüse vorgaren. Reis und Rührtofu mit Shoyu und Gewürzen mischen und abschmecken. Diese Mischung auf den Algenblättern verteilen: Zunächst etwa 3 EL pro Blatt in der Mitte von einer Seite zur anderen verteilen und andrücken. Dort hinein etwas Lauch legen, dann in den Lauch eine Möhre legen, diese mit Lauch umschließen und dort herum nochmals etwa 2 EL Reis-Tofu-Masse verteilen und fest andrücken. Das ergibt eine rollenartig geformte Füllung mit 5 – 6 cm Durchmesser. Die Längsenden der Algen anfeuchten und jeweils eine Seite auf die Füllung legen, andrücken, das Blatt zusammenrollen und etwa 2 Stunden kalt stellen. Algenrollen dann in 1,5 – 2 cm dicke Scheiben schneiden und auf einer schönen Platte anrichten, zum Beispiel auf Salatblättern. Jede Scheibe hat als Mittelpunkt die Möhre, um diese herum den Lauch und außen die Alge.

Tofuchips

fester Tofu
Marinade nach Wahl (s. S. 47)
Fett zum Frittieren
Dressings nach Wahl (ab S. 56)

Den festen Tofu in dünne, höchstens 0,5 cm dicke Scheiben schneiden und etwa 5 Minuten in einer Marinade nach Wahl marinieren (vorsichtig, da er leicht auseinander fällt). Anschließend 3 – 4 Minuten im heißen Fett frittieren. Verschiedene Dressings zum Dippen reichen.

Tofuscheiben mit Topinamburchips

100 – 200 g Tofu
Marinade nach Wahl (s. S. 42)
Öl zum Braten und für das Backblech
oder Fett zum Frittieren
100 – 200 g Topinambur

Tofu in Scheiben schneiden und in einer Marinade nach Wahl marinieren. Anschließend im heißen Öl braten oder im heißen Fett frittieren. Topinambur in dünne Scheiben schneiden und 4 – 5 Minuten im heißen Fett frittieren oder auf dem gefetteten Backblech im vorgeheizten Backofen bei 180 – 200 °C so lange backen, bis sie leicht kross sind.

Eine Sensation!

Kuchen und Gebäck

Am Anfang dieses Kapitels finden Sie zwei Grundrezepte, eines für Hefeteig und eines für Mürbeteig, die für viele der Kuchen und Torten in diesem Kapitel die Basis bilden. Nach diesen Rezepten erhalten Sie etwa 650 g Hefeteig oder 500 g Mürbeteig, der für zwei Tortenböden oder ein Kuchenblech reicht. Für die in den Backrezepten angegebenen Teigmengen müssen Sie die Zutaten aus den Grundrezepten entsprechend reduzieren. Sie können den Hefeteig oder Mürbeteig als Basis der folgenden Rezepte natürlich auch nach Ihren eigenen Rezepten zubereiten.

Die ersten zehn Kuchenrezepte lassen sich sowohl mit Hefeteig als auch mit Mürbeteig zubereiten, sodass als Zutat im Rezept jeweils »süßer Teig« angegeben ist. Hefeteig dauert etwas länger, aber letztlich ist es eine Frage des Geschmacks oder der Vorlieben. Entscheiden Sie selbst: Beide Teigarten werden auf dem Boden einer eingeölten Tortenform (26 – 28 cm Durchmesser) gleichmäßig ausgerollt und am Rand angedrückt. Während Hefeteig dann noch etwas gehen sollte, kann Mürbeteig gleich belegt werden.

Grundrezept für süßen Hefeteig

Für etwa 650 g Hefeteig:
20 g frische Hefe
1 – 2 EL Sirup
150 ml warmes Wasser
   oder Sojamilch
450 g Weizenvollkornmehl
½ TL Zimtpulver
2 EL Öl

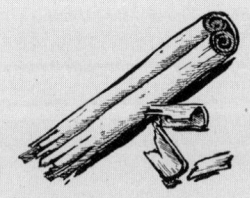

Hefe und Sirup im warmen Wasser oder in der Sojamilch auflösen und mit 250 g Mehl zu einem glatten, klumpenfreien Teig rühren. Etwa 40 Minuten zugedeckt an einem warmen Ort gehen lassen. Dann den Teig mit dem restlichen Mehl, dem Zimt und dem Öl verkneten und nochmals 20 Minuten gehen lassen.

Grundrezept für süßen Mürbeteig

Für etwa 500 g Mürbeteig:
100 g feines Weizenmehl
  Type 1050
100 g Weizenvollkornmehl
60 g Vollrohrzucker
½ TL Zimtpulver
½ Päckchen Weinsteinbackpulver
100 ml Wasser
100 ml Öl
1 EL Essig

Zunächst die trockenen Zutaten vermischen, dann Wasser, Öl und Essig verrühren und diese Mischung zur trockenen Mischung geben. Daraus einen Teig kneten und diesen bis zur Verwendung kühl stellen. Falls der Mürbeteig für einen Kuchenboden oder Tortenboden verwendet werden soll, kann er auch gleich nach dem Zusammenkneten passend ausgerollt werden und so bis zur weiteren Verwendung abgedeckt im Kühlschrank aufbewahrt werden.

Variation:
- für **Schokoladenkuchen** und ähnliches Gebäck etwa 2 EL gesiebtes Kakaopulver zu den trockenen Zutaten geben

Obstkuchen

500 g süßer Teig
  (s. nebenstehende Rezepte)
Öl für das Backblech
1 kg Obst nach Wahl
eventuell etwas Einweichwasser
  von Rosinen
eventuell 2 – 3 EL Zitronensaft
eventuell 3 – 5 EL Sirup
700 – 800 g Dessertcreme nach Wahl
  (ab S. 148)
3 – 4 EL Weizenvollkornmehl
  oder 2 – 3 EL Stärkemehl

Den Teig auf einem gefetteten Kuchenblech ausrollen. Im Fall von Hefeteig den Teig noch etwas im Warmen gehen lassen. Das Obst klein schneiden, je nach Art entsteinen oder entkernen. Nach Belieben das Obst in Rosineneinweichwasser und Zitronensaft mit Sirup marinieren. Den Teigboden mit dem Obst belegen. Dann das Obst mit einer Dessertcreme nach Wahl übergießen. Damit die gewählte Dessertcreme fest wird, sollte etwas Vollkornmehl oder Stärke eingerührt werden. Den Kuchen im vorgeheizten Backofen bei etwa 180 °C 35 – 45 Minuten backen.

Heidelbeertorte

250 g süßer Teig (ab S. 130)
Öl für die Springform
500 g Tofu
3 – 4 EL Süßungsmittel nach Belieben
2 – 3 EL Öl
2 EL Stärkemehl
Saft und abgeriebene Schale
  einer unbehandelten Zitrone
½ TL gemahlene Vanille
½ TL Zimtpulver
1 Prise Salz
350 g Heidelbeeren

Den Teig ausrollen, in eine gefettete Springform legen und im Fall von Hefeteig noch etwas im Warmen gehen lassen. Alle Zutaten mit Ausnahme der Beeren cremig pürieren. Eine Hälfte der Creme auf den Teigboden geben, darüber die Beeren verteilen, auf die Beeren die übrige Creme geben und glatt streichen. Torte im vorgeheizten Backofen bei 200 °C 40 – 50 Minuten backen.

Kiwi-Erdbeer-Torte

250 g süßer Teig (ab S. 130)
Öl für die Springform
400 – 500 g Erdbeeren
4 Kiwis
200 g Tofu
2 EL Apfelmus
2 TL Stärkemehl
1 Prise Zimtpulver
1 Prise gemahlene Vanille
1 Prise Salz
12 halbe Erdbeeren
  und 12 Kiwischeiben
  zum Garnieren

Den Teig ausrollen, in eine gefettete Springform legen und andrücken. Im Fall von Hefeteig den Teig warm stellen und noch etwas gehen lassen. Die Hälfte der Erdbeeren halbieren und den Teigboden damit belegen. Die Kiwis schälen und mit dem Tofu, den restlichen Erdbeeren, dem Apfelmus, Stärkemehl, Salz, Zimt und der Vanille cremig pürieren. Tofucreme auf den belegten Teig gießen und die Torte im vorgeheizten Backofen bei 180 °C etwa 30 Minuten backen. Nach dem Abkühlen in zwölf Stücke schneiden und auf jedes Stück zur Dekoration eine Kiwischeibe und darauf ein halbe Erdbeere legen.

Variationen:

- die Erdbeeren auf die Tofuschicht legen statt darunter

- zusätzlich geschnittene Erdbeeren und / oder Kiwischeiben in die Füllung mischen

Pflaumen-Aprikosen-Torte

250 g süßer Teig (ab S. 130)
Öl für die Springform
200 g Aprikosen
200 g Pflaumen
2 EL Walnüsse
200 g Tofu
3 – 4 EL Süßungsmittel nach Belieben
1 EL Madeira nach Belieben
1 EL Zitronensaft
1 EL Stärkemehl
½ TL gemahlene Vanille
½ TL Zimtpulver
1 Prise Salz
300 g Tofu-Buttercreme (s. S. 146)
12 halbe Walnusskerne
 zum Garnieren

Den Teig ausrollen, in einer gefetteten Springform auslegen und andrücken. Im Fall von Hefeteig den Teig warm stellen und noch etwas gehen lassen. Die Aprikosen entsteinen und klein schneiden, die Pflaumen entsteinen und vierteln, die Walnüsse hacken. Früchte und gehackte Nüsse mischen und auf dem Tortenboden verteilen. Alle übrigen Zutaten, außer der Tofu-Buttercreme und den Walnüssen zum Garnieren, cremig pürieren, über die Früchte und Nüsse geben und glatt streichen. Torte im vorgeheizten Backofen bei 180 °C 35 – 45 Minuten backen. Nach dem Abkühlen in zwölf Stücke schneiden, die Tofu-Buttercreme mit der gezackten Tülle der Spritztüte tropfenförmig auf den Rand der Stücke geben und mit den Walnusshälften garnieren.

Traubencreme-Torte

250 g süßer Teig (ab S. 130)
Öl für die Springform
350 g Weintrauben
500 g Vanillepudding (s. S. 148)
2 EL Stärkemehl
2 EL Süßungsmittel nach Belieben
1 Prise Zimtpulver oder
 gemahlene Vanille nach Belieben
1 Prise Salz
350 g Tofu-Buttercreme (s. S. 146)
12 blaue Weintrauben zum Garnieren

Den Teig ausrollen, in einer gefetteten Springform auslegen und den Rand andrücken. Im Fall von Hefeteig den Teigboden noch etwas gehen lassen. Die Trauben auf dem Teig verteilen. Den Vanillepudding mit Stärke, Süßungsmittel, Gewürzen und Salz mixen und über die Trauben gießen. Torte im vorgeheizten Backofen bei 180 – 200 °C etwa 40 Minuten backen. Etwas abkühlen lassen und in zwölf Stücke schneiden. An den Rand eines jeden Stückes mit der gezackten Tülle einer Spritztüte Tofu-Buttercreme-Tupfer geben und darauf je eine Traube legen.

Birnen-Johannisbeer-Torte

250 g süßer Teig (ab S. 130)
Öl für die Springform
400 g Birnen
100 g Johannisbeeren
300 g Tofu
2 EL Stärkemehl
2 EL Zitronensaft
3 – 4 EL Sirup oder anderes
 Süßungsmittel nach Belieben
1 Prise Zimtpulver
1 Prise gemahlene Vanille
1 Prise Salz
250 g Schokoladen-Nuss-Creme
 (s. S. 150)
300 g Tofu-Buttercreme (s. S. 146)
einige Johannisbeeren zum Garnieren

Den Teig ausrollen, in einer gefetteten Springform auslegen und andrücken. Den Teig im Fall von Hefeteig warm stellen und noch etwas gehen lassen. 300 g Birnen halbieren, Kerngehäuse entfernen und mit der flachen Seite nach unten auf den Teigboden legen. Die Johannisbeeren ringsherum anordnen. Den Rest der Birnen ebenfalls entkernen und mit Tofu, Stärkemehl, Zitronensaft, Sirup oder anderem Süßungsmittel, Gewürzen und Salz zu einer glatten Creme pürieren. Creme auf das Obst geben, glatt streichen und Torte im vorgeheizten Backofen bei 180 – 200 °C 35 – 40 Minuten backen. Dann etwas abkühlen lassen. Die Schokoladen-Nuss-Creme und die Tofu-Buttercreme miteinander verrühren und den Kuchen damit bestreichen. Etwas Creme zurückbehalten. Zwölf Stücke vorzeichnen und auf jedes Stück mit der Spritztüte einen Kringel Buttercreme geben und darauf die Beeren dekorieren. Vor dem Servieren kalt stellen.

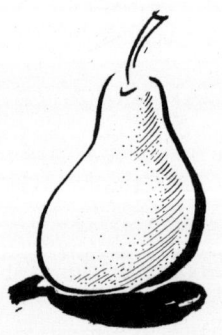

Schokoladen-Kirsch-Torte

250 g süßer Teig (ab S. 130)
Öl für die Springform
200 g Kirschen
350 g Tofu
100 g Haselnussmus
2 – 4 EL Zuckerrübensirup
1 – 2 EL Carobpulver
  oder Kakaopulver
2 – 3 TL Stärkemehl
1 Prise gemahlene Gewürznelken
1 Prise Zimtpulver
1 Prise gemahlene Vanille
1 Prise gemahlener Kardamom
1 Prise Salz
etwas Orangensaft
einige Kirschen und Mandelblättchen
  zum Garnieren

Den Teig ausrollen, in eine gefettete Springform legen und festdrücken. Im Fall von Hefeteig den Teig noch etwas im Warmen gehen lassen. Die Kirschen entsteinen, gut abtropfen lassen und auf den Teigboden geben. Die übrigen Zutaten zu einer Creme mischen, diese auf die Kirschen gießen und glatt verstreichen. Creme mit Kirschen und Mandelblättchen garnieren. Torte anschließend im vorgeheizten Backofen bei 200 °C etwa 30 Minuten backen.

Variation:
• die Kirschen über die Creme geben

Tofu-Käsetorte

300 g süßer Teig (ab S. 130)
Öl für die Springform
1 Apfel
1 Orange
500 g Tofu
75 ml Zitronensaft
2 – 3 EL Öl
3 – 5 EL Süßungsmittel nach Wahl
2 EL Stärkemehl
1 EL Hefeflocken
1 Prise Salz
½ TL gemahlene Vanille
½ TL Zimtpulver
¼ TL Kurkuma
1 – 2 EL Rosinen
rote Marmelade
  und Kokosflocken zum Garnieren

Den Teig ausrollen und den Boden einer gefetteten Springform damit belegen. Den Rand etwa 1 cm hoch andrücken. Im Fall von Hefeteig den Teig noch etwas im Warmen gehen lassen. Den Apfel entkernen, die Orange schälen, beides klein schneiden und für die Füllung mit dem zerdrückten Tofu, Zitronensaft, Öl, Süßungsmittel, Stärkemehl, Hefeflocken, Salz und Gewürzen cremig pürieren. Rosinen einrühren, abschmecken, die Tofumasse auf den Tortenboden geben und glatt streichen. Torte im vorgeheizten Backofen bei 200 °C etwa 40 Minuten backen. Nach dem Abkühlen die einzelnen Tortenstücke markieren und jeweils am Rand mit Tupfern roter Marmelade und Kokosflocken garnieren.

Eiscremetorte

300 g süßer Teig (ab S. 130)
Öl für die Springform
400 g Walnuss-Vanille-Eis (s. S. 160)
400 – 500 g Cashewnuss-Kirsch-Eis
 (s. S. 163)
1 EL Akazienblüten zum Garnieren

Den Teig ausrollen, in eine gefettete Springform legen, andrücken und im vorgeheizten Backofen bei 180 – 200 °C 6 – 7 Minuten vorbacken. Tortenboden aus dem Ofen nehmen und abkühlen lassen. Wenn der Tortenboden abgekühlt ist, das Walnuss-Vanille-Eis darauf verteilen und glatt streichen. Auf diese Schicht das Cashewnuss-Kirsch-Eis geben und ebenfalls glatt streichen. Torte 40 – 60 Minuten im Gefriergerät einfrieren lassen. Anschließend in Stücke schneiden, mit den Akazienblüten garnieren und servieren.

Weserwelle

400 g süßer Hefeteig (s. S. 130)
etwas Weizenvollkornmehl
2 – 3 EL Sirup

Für die Füllung:
200 g Vanillepudding (s. S. 148)
1 TL Stärkemehl
1 TL Weizenvollkornmehl
1 TL Sirup
1 Prise Salz
1 Prise Zimtpulver
1 Prise gemahlene Vanille
Öl für die Kastenbackform
200 g Kirschen
200 – 250 g dunkler Tofuguss
 (s. S. 145)

Den Hefeteig mit etwas Vollkornmehl und dem Sirup nochmals durchkneten und in zwei gleich große Stücke teilen. Diese so ausrollen, dass sie in eine größere Kastenbackform passen. Die beiden Teigstücke nochmals gehen lassen. Währenddessen den Vanillepudding mit Stärke, Vollkornmehl, Sirup, Salz, Zimt und Vanille mixen. Eine Hälfte des Hefeteigs in die gefettete Form geben und andrücken. Die Kirschen entsteinen und auf den Teig geben, darüber den gemixten Pudding verteilen. Den zweiten Teil des Teigs auf den Pudding legen und vorsichtig andrücken. Kuchen im vorgeheizten Backofen bei 200 °C etwa 20 Minuten backen, aus dem Ofen holen und den Tofuguss glatt darauf verstreichen. Noch weitere 5 Minuten in den Ofen stellen, herausholen, mit einer Gabel Wellen auf den Guss malen und weitere 10 Minuten backen.

Dattel-Nuss-Torte

200 g Weizenvollkornmehl
100 g reine Pflanzenmargarine
30 g Süßungsmittel nach Belieben
1 EL Sojamehl
1 Prise Salz
etwas Sojamilch

Für die Füllung:
150 g getrocknete Datteln
Wasser zum Einweichen der Datteln
50 g Haselnüsse
50 g Walnüsse
1 – 2 Äpfel
50 g Weizenvollkornmehl
50 g Haferflocken
3 – 4 EL Zuckerrübensirup
  oder Ahornsirup
1 EL Zitronensaft
1 EL abgeriebene Zitronenschale
1 TL Zimtpulver
1 gute Prise frisch geriebener Muskat
1 gute Prise
  gemahlene Gewürznelken
1 gute Prise Salz
Öl für die Springform
150 g Dessertcreme nach Wahl
  (ab S. 148)
12 Nusshälften zum Garnieren

Vollkornmehl, Margarine, Süßungsmittel, Sojamehl, Salz und Sojamilch zu einem Teig verkneten und diesen zugedeckt mindestens 1 Stunde kalt stellen. Für die Füllung die Datteln entkernen, einweichen und anschießend hacken, die Nüsse rösten und mahlen, Äpfel entkernen und raspeln. Datteln, Nüsse und Äpfel mit den übrigen Zutaten für die Füllung, außer Dessertcreme und den Nusshälften zum Garnieren, vermischen. Den Boden einer gefetteten Springform mit dem Teig belegen, den Rand andrücken, die Füllung darauf verteilen und glatt streichen. Torte im vorgeheizten Backofen bei 180 °C 40 – 50 Minuten backen. Torte nach dem Abkühlen mit Dessertcremetupfern und Nusshälften garnieren.

Mohnstrudel

100 g Mohn
100 g Hirse
400 ml Wasser
500 g süßer Hefeteig (s. S. 130)
2 EL Öl
2 EL Sojamehl
5 – 6 EL Sirup
100 g Dessertcreme nach Wahl
 (ab S. 148)
2 EL Zitronensaft
½ TL Zimtpulver
½ TL gemahlene Vanille
1 Prise Salz
1 – 2 EL Rosinen
Öl für die Auflaufform
 und zum Bepinseln
etwa 200 g heller oder dunkler
 Tofu-Tortenguss (s. S. 146)

Mohn mahlen und zusammen mit der Hirse im Wasser weich kochen (Vorsicht Anbrenngefahr!). Hefeteig zusammen mit Öl, Sojamehl und 3 EL Sirup nochmals durchkneten, warm stellen und gehen lassen. Restlichen Sirup mit den übrigen Zutaten, mit Ausnahme des Öls zum Bepinseln und des Tofu-Tortenguss, vermischen und abschmecken. Den Teig rechteckig ausrollen. Die Hälfte der Füllung so darauf verteilen, dass ein 4 – 5 cm breiter Rand bleibt. Teig etwas zusammenrollen und den Rest der Füllung auf der Rolle verteilen. Nun den Teig ganz zusammenrollen und in eine gefettete Auflaufform legen. Mohnstrudel im vorgeheizten Backofen bei etwa 200 °C 30 – 40 Minuten backen, dabei zwei- bis dreimal mit Öl bepinseln. Abgekühlt mit Tofu-Tortenguss bestreichen.

Sachertorte

300 g Tofu
etwas Sojamilch
3 EL Zuckerrübensirup
800 g Bulgur
400 g Haselnüsse
3 EL Gerstenmalz
80 g Carobpulver oder Kakaopulver
½ TL abgeriebene Orangenschale
½ TL Zimtpulver
½ TL gemahlene Vanille
1 Prise Salz
Öl für die Springform
etwa 250 g dunkler Tofu-Tortenguss
 (s. S. 146)
etwas reine Pflanzenmargarine

Den Tofu fein zerkrümeln und mit etwas Sojamilch und dem Sirup pürieren. Den Bulgur zu Grieß vermahlen, die Haselnüsse rösten und mahlen. Tofu, Bulgur und Haselnüsse mit den übrigen Zutaten, außer Tofu-Tortenguss und Margarine, vermischen, durchkneten und 15 Minuten ruhen lassen. Teig in eine gefettete Springform füllen, glatt streichen und im vorgeheizten Backofen bei etwa 200 °C etwa 40 Minuten backen. Etwas Margarine unter den Tofu-Tortenguss rühren, die Torte damit bestreichen und abkühlen lassen.

Erdbeer-»Sahne«-Torte ohne Backen

Für den Tortenboden:
70 g reine Pflanzenmargarine
150 g geröstetes Müsli
150 g feine Haferflocken
70 g Agavendicksaft
50 ml Wasser
½ TL Zimtpulver

Öl für die Springform

Für die Füllung:
700 g Tofu
150 g Agavendicksaft
150 ml Wasser
50 ml Sonnenblumenöl
5 Päckchen Vanillezucker
1 TL Zimtpulver
1 Prise Salz

Zum Andicken, für den Guss und für die Sahne:
300 g Erdbeeren
18 g Agar-Agar (s. auch Tipp S. 140)
330 ml Wasser
etwa 200 ml roter Fruchtsaft
etwas Zimtpulver
4 Päckchen Vanillezucker
30 g reine Pflanzenmargarine
60 g Tofu
2 EL Zitronensaft
2 EL Agavendicksaft

Margarine für den Tortenboden schmelzen. Übrige Zutaten für den Tortenboden zur Margarine geben, unterrühren und zu einem Teig verkneten. Teig auf dem Boden einer geölten Springform glatt drücken und abkühlen lassen. Zutaten für die Füllung im Mixer cremig pürieren. Die Erdbeeren in kleine Stücke schneiden und in die Creme rühren. Zum Andicken 16 g Agar-Agar mit dem Schneebesen ins kochende Wasser einrühren und 5 Minuten köcheln lassen. Heiße Flüssigkeit zur Füllung geben, gut durchmixen und zügig weiterarbeiten. Die Creme auf dem Tortenboden glatt verstreichen. Roten Fruchtsaft mit Zimt und 2 Päckchen Vanillezucker zum Kochen bringen. Mit dem Schneebesen 2 g Agar-Agar einrühren und 5 Minuten köcheln lassen. Guss auf die Creme geben. Torte kalt stellen. Für die Sahne Margarine erhitzen, mit Tofu, 2 Päckchen Vanillezucker, Zitronensaft und Agavendicksaft im Mixer pürieren und kalt stellen. Torte mit der Sahne verzieren.

Kirschtorte Schwarzwälder Art

*500 g süßer Mürbeteig
   in der Schokoladenvariante
   (s. S. 131)
Öl für die Springformen
etwa 600 g entsteinte Kirschen
eventuell 1 – 2 EL Kirschwasser
   oder 5 Tropfen Rumaroma
200 g Tofu
3 – 4 EL Agavendicksaft
600 ml Tofuschlagsahne (s. S. 44)
2 – 3 Päckchen Vanillezucker
1 Prise Salz
200 ml Wasser
3 g Agar-Agar (s. auch Tipp)
300 ml Kirschsaft
etwas Vanillezucker
3 EL süßer Spritztütentofu (s. S. 44)
12 Kirschen zum Garnieren*

Den Mürbeteig nach Grundrezept herstellen und halbieren. Die beiden Teigportionen ausrollen, jeweils in eine gefettete Springform legen und im vorgeheizten Backofen bei 180 °C 7 – 8 Minuten backen. Kirschen gut abtropfen lassen, eventuell mit Kirschwasser oder Rumaroma verrühren und die Hälfte davon auf einen Tortenboden geben. Diesen zuvor mit einem Tortenring umfassen. Tofu mit dem Sirup cremig pürieren und mit der Tofuschlagsahne, Vanillezucker und Salz vermischen. Wasser zum Kochen bringen, 2 g Agar-Agar einrühren, 5 Minuten leicht köcheln lassen und dann sofort mit der Tofucreme verrühren. Die Hälfte der Creme auf den Kirschen verteilen, darauf den zweiten Tortenboden legen, auf diesen die restlichen Kirschen und als letzte Schicht die restliche Creme verteilen und glatt streichen. Kirschsaft mit Vanillezucker und 1 g Agar-Agar zum Kochen bringen, 5 Minuten leicht köcheln lassen und auf die kalte Torte geben. Spritztütentofu in die Spritztüte füllen, kalt stellen und die abgekühlte Torte anschließend mit zwölf Cremetupfen – jeweils einer pro Tortenstück – und Kirschen garnieren.

> Statt Agar-Agar-Pulver können Sie auch flüssiges Agar-Agar verwenden, das sich besser abmessen lässt. 1 g Agar-Agar-Pulver entspricht ½ TL flüssigem Agar-Agar.

Sunshine-Cake

80 g Cashewnüsse
1 großer Apfel
1 große Möhre
150 g Maismehl
250 g Weizenvollkornmehl
1 Päckchen Trockenhefe
2 – 3 EL Dessertcreme nach Wahl (ab S. 148)
etwas warmes Wasser
1 TL Kurkuma
2 EL Vollrohrzucker
2 EL Sirup
1 Prise Salz
1 Prise Zimtpulver
1 Prise gemahlene Vanille
1 Prise gemahlene Gewürznelken
Öl für die Gugelhupfform

Für die Sauce:
50 g Tofu
200 ml Kirschsaft oder anderer Saft
1 EL Stärkemehl
1 Prise Salz
1 Prise Zimtpulver
1 Prise gemahlene Vanille

Die Cashewnüsse rösten und mahlen, den Apfel entkernen und ebenso wie die Möhre fein raspeln. Das Maismehl, 100 g Weizenmehl, die Trockenhefe, Kurkuma und Dessertcreme mit etwas warmem Wasser verrühren, durchkneten und im Warmen gehen lassen. Derweil für die Sauce den Tofu cremig pürieren und Kirschsaft oder anderen Saft erhitzen. Tofu, Stärke, Salz, Zimt und Vanille in den Fruchtsaft rühren und einige Minuten leicht köcheln lassen. Den Teig mit dem restlichen Vollkornmehl verkneten und nochmals gehen lassen, dann mit Cashewnüssen, Apfel, Möhre, Vollrohrzucker, Sirup, Salz und Gewürzen vermischen, gut durchkneten und in eine gefettete Gugelhupfform geben. Etwas andrücken und nochmals gehen lassen. Kuchen im vorgeheizten Backofen bei 200 °C etwa 30 Minuten backen und anschließend aus dem Ofen nehmen. Nachdem er etwas abgekühlt ist, lässt sich der Kuchen leicht aus der Backform auf eine Tortenplatte stürzen. Nun ringsherum die rote Sauce gießen. Den abgekühlten Kuchen in Scheiben schneiden.

Möhren-Vanille-Kuchen

400 g Möhren
100 g Mandeln
200 g Weizenvollkornmehl
100 g feine Getreideflocken
2 EL Rosinen
4 – 5 EL Zitronensaft
3 – 4 EL Sirup oder anderes
 Süßungsmittel nach Belieben
2 – 3 EL reine Pflanzenmargarine
½ – 1 TL gemahlene Vanille
2 Prisen Zimtpulver
1 Prise gemahlene Gewürznelken
1 Prise Salz
Öl für die Kastenbackform
150 g Vanillepudding (s. S. 148)

Möhren raspeln, Mandeln rösten und hacken. Alle Zutaten – bis auf den Pudding und das Öl für die Form – miteinander vermischen, durchkneten und abschmecken. Den Teig 30 Minuten ruhen lassen, dann in eine gefettete Kastenform geben, glatt streichen und den Pudding darüber verteilen. Kuchen im vorgeheizten Backofen bei etwa 180 °C 30 – 40 Minuten backen.

Mürbteigtörtchen

Für etwa 12 Stück:
50 g Mandeln
200 g Weizenvollkornmehl
1 EL Sojamehl
1 Päckchen Weinsteinbackpulver
120 g reine Pflanzenmargarine
2 EL Süßungsmittel nach Belieben
1 Prise Salz
1 Prise gemahlene Vanille
Öl für die Toretteförmchen
150 ml Apfelsaft
1 EL Sirup
1 Prise Zimtpulver
1 g Agar-Agar (s. auch Tipp S. 140)
800 g Beeren (Erdbeeren, Himbeeren,
 Brombeeren, Stachelbeeren oder
 Johannisbeeren)
100 – 150 g Tofu-Buttercreme
 s. S. 146) zum Garnieren
Carobpulver oder Kakaopulver
 zum Garnieren

Die Mandeln mahlen. Aus Mandeln, Vollkornmehl, Sojamehl, Backpulver, Margarine, Süßungsmittel, Salz und Vanille einen Teig kneten, gut durchkneten und etwa 1 Stunde kalt stellen. Den Teig in zwölf gefetteten Toretteförmchen verteilen, andrücken und im vorgeheizten Backofen bei 180 °C etwa 15 Minuten backen. Währenddessen den Apfelsaft mit Sirup, Zimt und Agar-Agar 5 Minuten köcheln lassen. Die Törtchen aus dem Ofen nehmen. Die Beeren in den Törtchen verteilen und mit der Flüssigkeit begießen. Abgekühlte Törtchen mit Tofu-Buttercreme aus der Spritztüte mit Zackentülle und mit Carob oder Kakao garnieren.

Tofu-Muffins

Für 12 große Muffins:
100 g Haselnüsse
100 g reine Pflanzenmargarine
220 g feines Weizenvollkornmehl
150 g feine Haferflocken
1 Päckchen Weinsteinbackpulver
1 Päckchen Vanillezucker
1 TL Zimtpulver
1 Prise Salz
300 g Dessertcreme nach Wahl (ab S. 148)
4 EL Zitronensaft oder Limettensaft
Öl für die Muffinförmchen
80 g Puderzucker

Die Haselnüsse rösten und fein mahlen, Margarine schmelzen. Mehl, Haferflocken, Haselnüsse, Backpulver, Vanillezucker, Zimt, Salz, Dessertcreme und 2 EL Zitronensaft oder Limettensaft mischen und etwas durchziehen lassen. Teig anschließend gleichmäßig in zwölf gefetteten Muffinförmchen verteilen und die Muffins im vorgeheizten Backofen bei 190 °C etwa 30 Minuten backen. Puderzucker mit 2 EL Zitronensaft oder Limettensaft verrühren und in feinen Streifen auf die abgekühlten Muffins geben.

Variation:
- durch verschiedene Sorten Dessertcreme entstehen unterschiedliche Muffins

Apfel-Möhren-Muffins

Für 12 Muffins:
1 Apfel
2 Möhren
80 g reine Pflanzenmargarine
50 ml Sojamilch
200 g feines Weizenvollkornmehl
2 EL Sojamehl
4 EL Kokosflocken
1 Päckchen Vanillezucker
1 TL Zimtpulver
1 Prise Salz
Öl für die Muffinförmchen
Zuckerguss und Kokosflocken zum Garnieren

Apfel entkernen und ebenso wie die Möhren fein raspeln, Margarine schmelzen. Alle Zutaten – bis auf das Öl und die Zutaten zum Garnieren – vermischen, durchkneten und etwas durchziehen lassen. Teig anschließend gleichmäßig in zwölf gefetteten Muffinförmchen verteilen und die Muffins im vorgeheizten Backofen bei 190 °C etwa 30 Minuten backen. Abgekühlte Muffins nach Belieben mit Zuckerguss und Kokosflocken verzieren.

Allerlei Kekse

100 g Nüsse
250 g feines Weizenvollkornmehl
100 g feine Haferflocken
1 – 2 EL Sojamehl
1 Päckchen Weinsteinbackpulver
2 EL warme Pflanzenmargarine
2 – 3 EL Sirup
2 – 3 EL Dessertcreme nach Wahl (ab S. 148)
½ TL gemahlener Anis oder Ingwerpulver
1 Prise Salz
Apfelsaft je nach Teigkonsistenz
Öl für das Backblech

Die Nüsse rösten und mahlen. Alle Zutaten bis auf das Öl für das Backblech vermischen und zu einem mittelfesten Teig verrühren. Je nach Teigkonsistenz mehr oder weniger Apfelsaft dazugeben. Kneten, etwas ruhen lassen, anschließend kleine Kekse aus dem Teig formen und diese auf ein gefettetes Backblech legen. Kekse im vorgeheizten Backofen bei etwa 180 °C 15 – 20 Minuten backen.

Variationen:
- mit Zimtpulver und gemahlener Vanille statt mit Anis oder Ingwer würzen

- mit Lebkuchengewürz, gemahlenem Kardamom und Piment würzen

- Mandeln, getrocknete Aprikosen oder Rosinen statt der Nüsse verwenden

- nach dem Backen und Abkühlen Tofu-Tortenguss (s. S. 146) über die Kekse geben und mit Mandelblättchen garnieren

Tofuguss – hell

50 g Tofu
250 ml Apfelsaft, Sojamilch
oder Wasser
1 – 2 EL Vollrohrzucker
oder Sirup nach Wahl
1 Prise Salz
1 Prise gemahlene Vanille
1 Prise Zimtpulver
1 g Agar-Agar (s. auch Tipp S. 140)

Alle Zutaten mit Ausnahme des Agar-Agar pürieren und zum Kochen bringen. Agar-Agar einrühren und 4 – 5 Minuten köcheln lassen.

Tofuguss – dunkel

50 g Tofu
250 ml Kirschsaft oder anderer Saft,
Sojamilch oder Wasser
1 – 2 EL Vollrohrzucker
oder Sirup nach Wahl
1 Prise Salz
1 Prise gemahlene Vanille
1 Prise Zimtpulver
1 EL Kakaopulver
oder Carobpulver
mit Zuckerrübensirup
1 g Agar-Agar (s. auch Tipp S. 140)

Alle Zutaten mit Ausnahme des Agar-Agar pürieren und zum Kochen bringen. Agar-Agar einrühren und 4 – 5 Minuten köcheln lassen.

Zum Bepinseln oder Eintauchen von Keksen, Torten, Bratäpfeln oder Tofukrapfen den Guss nicht abkühlen lassen, sondern noch heiß verwenden. Abgekühlter Guss kann in Würfel oder Dreiecke geschnitten werden und als Dessertzutat, zum Beispiel zu Cremespeisen, serviert werden.

Tofu-Buttercreme

*100 g weiche und warme
Pflanzenmargarine
100 g süßer Spritztütentofu
(s. S. 44)*

Margarine und süßen Spritztütentofu mischen glatt rühren und kalt stellen.

Variationen:
- mit 1 EL Carobpulver oder Kakaopulver und / oder mit 1 TL Mandelmus

> Zum Bestreichen von Kuchen, zum Garnieren mit und ohne Spritztüte, als Füllung für Vollkorn-Windbeutel ...

Tofu-Tortenguss

*50 g Tofu
250 ml Apfelsaft, Sojamilch
oder Wasser
1 – 2 EL Süßungsmittel nach Belieben
1 Prise Salz
1 Prise gemahlene Vanille
1 Prise Zimtpulver
1 EL Stärkemehl
oder 2 EL Weizenvollkornmehl*

Alle Zutaten zusammen pürieren und zum Kochen bringen. 4 – 5 Minuten köcheln lassen und anschließend auf den Kuchen oder das Gebäck geben.

Variationen:
- für roten Tortenguss Kirschsaft statt Apfelsaft verwenden
- für gelben Guss Pfirsichsaft und etwas Kurkuma verwenden

> Dieser Tortenguss empfiehlt sich zum nochmaligen Mitbacken, ansonsten muss er zuvor wie eine Sauce zubereitet werden, um zu festigen.

Desserts und süße Leckereien

Viele der Desserts in diesem Kapitel, zum Beispiel die Fruchtcremes, können auch als süße Brotaufstriche verwendet werden, wie auch umgekehrt einige der Brotaufstriche als Dessert gereicht werden können.

In diesem Kapitel finden Sie neben Desserts auch kleine Leckereien für zwischendurch.

Vanillepudding

100 g Tofu
700 ml Sojamilch
1 – 2 EL Öl nach Belieben
1 EL Stärkemehl
  oder 2 EL feiner Vollkorngrieß
2 – 3 EL Sirup oder anderes
  Süßungsmittel nach Belieben
1 TL gemahlene Vanille
1 Prise Zimtpulver
1 Prise gemahlener Kardamom
  und / oder Ingwerpulver
1 Prise Salz

Den Tofu, die Sojamilch und eventuell das Öl zusammen mixen. Mit Stärkemehl oder Grieß aufkochen lassen, dann leicht köcheln lassen. Währenddessen gut mit dem Schneebesen rühren und den Topf nach 2 – 3 Minuten vom Feuer nehmen. Anschließend süßen, würzen, abschmecken und kalt stellen.

Schokoladenpudding

100 g Tofu
700 ml Sojamilch
1 – 2 EL Öl nach Belieben
1 EL Stärkemehl
  oder 2 EL feiner Vollkorngrieß
1 – 2 EL Kakaopulver
  oder Carobpulver
  mit Zuckerrübensirup
2 – 3 EL Sirup oder anderes
  Süßungsmittel nach Belieben
1 TL gemahlene Vanille
1 Prise Zimtpulver
1 Prise gemahlener Kardamom
1 Prise Ingwerpulver
1 Prise Salz

Den Tofu, die Sojamilch und eventuell das Öl mixen. Mit Stärkemehl oder Grieß und Kakaopulver oder Carob und Rübensirup aufkochen, dann leicht köcheln lassen. Währenddessen gut mit dem Schneebesen rühren und den Topf nach 2 – 3 Minuten vom Feuer nehmen. Anschließend süßen, würzen, abschmecken und kalt stellen.

Grießflammeri

200 ml Fruchtsaft
80 g Weizenvollkorngrieß
150 ml Sojamilch
100 g Tofu
100 g Kirschen
100 g Erdbeeren oder Johannisbeeren
3 EL Apfeldicksaft oder Birnendicksaft
1 Prise Zimtpulver
1 Prise gemahlene Vanille
1 Prise Salz
100 ml Tofuschlagsahne (s. S. 44)
Zimtpulver oder einige Beeren zum Garnieren

Den Fruchtsaft erwärmen und den Grieß einrühren. Sojamilch und Tofu mixen, in den Grieß rühren und etwa 5 Minuten köcheln lassen. Anschließend abkühlen lassen. Kirschen entsteinen. Das Obst in vier Schalen verteilen. Den Apfeldicksaft oder Birnendicksaft, die Gewürze und das Salz zum Grießbrei geben, unterrühren und zwei Drittel der Tofuschlagsahne unterheben. Dann je ein Viertel der Masse auf das Obst geben, jeweils mit einem Tofuschlagsahne-Tupfer und einer Prise Zimt oder einer Beere garnieren.

Früchtecreme

3 – 4 EL Rosinen
Wasser zum Einweichen der Rosinen
300 g gemischte Früchte nach Wahl
300 g Tofu
1 Prise Salz
1 Prise Zimtpulver

Rosinen im Wasser einweichen. Die Früchte je nach Art schälen, entkernen und entsteinen. Dann 200 g Früchte mit dem Tofu cremig pürieren und mit Salz und Zimt abschmecken. Zum zusätzlichen Süßen (je nach Fruchtsorten und Geschmack) kann noch etwas Einweichwasser von den Rosinen dazugegeben werden. Dann die restlichen Früchte und die Rosinen unterrühren und servieren.

Variation:
- **Waldfruchtcreme:**
  mit Himbeeren, Brombeeren, Heidelbeeren oder anderen Waldfrüchten und mit gerösteten und grob gehackten Walnüssen

Desserts und süße Leckereien

Dattelcreme

100 g getrocknete, entkernte Datteln
Wasser zum Einweichen der Datteln
1 – 2 Bananen
300 g Tofu
1 – 2 EL Ahornsirup
1 – 2 EL Öl
1 EL Rosinen oder Korinthen
nach Belieben
½ TL gemahlene Vanille
1 Prise Zimtpulver
1 Prise Ingwerpulver
1 Prise gemahlener Kardamom
1 Prise Salz
Rosenwasser nach Belieben

Die Datteln mit Wasser bedecken und einweichen. Die Bananen schälen. Eingeweichte Datteln zusammen mit dem Einweichwasser, dem Tofu und die Bananen pürieren. Die übrigen Zutaten einrühren und abschmecken.

Variationen:
- **Orangen-Feigen-Creme:**
  statt der Datteln 100 – 150 g eingeweichte und pürierte Trockenfeigen, statt der Bananen 1 – 2 pürierte Orangen, etwas abgeriebene Orangenschale oder 2 – 3 Tropfen Orangenöl

- zusätzlich 1 – 2 EL Mandelmus

- mit gerösteten und gehackten Pistazien oder Kokosflocken

- mit geriebenen Minzeblättern und 1 EL Rum

Schokoladen-Nuss-Creme

300 g Tofu
200 ml Sojamilch
100 g geröstete und gemahlene
    Haselnüsse, Cashewnüsse
    oder Walnüsse
1 – 2 EL Kakaopulver
    oder Carobpulver
1 – 2 EL Öl
½ TL gemahlene Vanille
½ TL Zimtpulver
1 Prise Salz
etwas abgeriebene Zitronenschale
Kokosflocken zum Garnieren

Alle Zutaten, außer den Kokosflocken, cremig pürieren, abschmecken und mit Kokosflocken garnieren.

Variationen:
- mit Kirschen, Birnen oder Bananen

- mit 1 TL Getreidekaffeepulver

- mit Nussmus oder Mandelmus und Orangenöl

- mit in Rum getränkten Rosinen und geröstetem Sesam

- mit Mandelstiften oder Mandelblättchen garniert

- als reine Nusscreme oder reine Schokoladencreme

Schokoladen-Bananen-Creme

200 g Tofu
500 ml Sojamilch
100 g gemahlene Haselnüsse
  oder Mandeln
70 g Zuckerrübensirup
etwa 4 EL Kakaopulver
1 Prise Salz
2 g Agar-Agar (s. auch Tipp S. 140)
Öl für die Kastenform
2 ½ Bananen
einige frische Minzeblätter
  zum Garnieren

Alle Zutaten, bis auf die Bananen, die Minzeblätter, das Agar-Agar und das Öl, mixen und zum Kochen bringen. Agar-Agar anschließend einrühren und 4 – 5 Minuten köcheln lassen. Die Hälfte der Masse in eine eingefettete Kastenform geben und etwas abkühlen lassen. Die Bananen schälen und in drei bis vier gerade Stücke schneiden. Diese dann so in die Mitte der Form legen, dass an den Längsseiten noch ein Rand bleibt. Die restliche Tofumasse über die Bananen geben und glatt streichen. Abkühlen lassen, den Rand der abgekühlten Masse mit einem Messer lösen, die Creme aus der Form stürzen und anschließend in Scheiben schneiden. Mit den Minzeblättern garnieren.

Apfel-Kokos-Creme

Für mehr als 4 Personen:
1 Banane
80 g Tofu
400 ml Kokosmilch
200 ml Sojamilch
100 g Vollrohrzucker
½ TL gemahlene Vanille
1 EL Zitronensaft
1 Prise Salz
1,5 g Agar-Agar (s. auch Tipp S. 140)
150 g gewürfelte Äpfel
Öl für die Kastenform

Die Banane schälen und ebenso wie den Tofu pürieren. Alle Zutaten – außer dem Agar-Agar, den Apfelwürfeln und dem Öl – in einem Topf zum Kochen bringen, dann das Agar-Agar einrühren und 4 – 5 Minuten köcheln lassen. Die Apfelwürfel in eine eingefettete Kastenform geben, die Tofumasse auf die Äpfel geben und ausreichend abkühlen lassen. Den Rand der abgekühlten Masse mit einem Messer etwas lösen und die Creme aus der Form stürzen.

Birnen-Himbeer-Creme

Für mehr als 4 Personen:
1 Birne
2 Äpfel
600 ml Sojamilch
200 g Tofu
5 EL Öl
1 Prise Salz
1 Prise gemahlene Vanille
1 Prise Zimtpulver
1 EL Zitronensaft
gut 3,5 g Agar-Agar
   (s. auch Tipp S. 140)
Öl für die Kastenform
250 g Himbeerkonfitüre
80 g Vollrohrzucker
100 g gemahlene Haselnüsse

Birne und Äpfel entkernen, klein schneiden und zusammen mit 400 ml Sojamilch, 100 g Tofu, 3 EL Öl, Salz, Vanille, Zimt und Zitronensaft mixen. In einem Topf zum Kochen bringen, 2 g Agar-Agar einrühren und 4 – 5 Minuten köcheln lassen. Masse in eine eingefettete Kastenform geben, abkühlen und fest werden lassen. In der Zwischenzeit Himbeerkonfitüre, Vollrohrzucker, den restlichen Tofu und die restliche Sojamilch, das restliche Öl und die Haselnüsse mixen, zum Kochen bringen und gut 1,5 g Agar-Agar einrühren. Diese Masse dann in die Form über die schon fest gewordene Masse geben, abkühlen und fest werden lassen. Den Rand der abgekühlten Masse mit einem Messer lösen und die Creme aus der Form stürzen.

Früchte-Jelly

150 g Erdbeeren oder andere Früchte
400 ml Apfelsaft
3 EL Sirup
1 EL Zitronensaft
1 Prise gemahlene Vanille
1 Prise Zimtpulver
knapp 2 g Agar-Agar
   (s. auch Tipp S. 140)
2 – 3 EL süßer Spritztütentofu
   (s. S. 44)
Öl für die Schiffchen-Backformen
Pistazien, Holunderbeeren
   oder Waldbeeren zum Garnieren

Erdbeeren, Apfelsaft, Sirup, Zitronensaft, Gewürze und Agar-Agar kurz mixen. Dann in einem Topf 5 Minuten köcheln lassen. Anschließend in kleine, eingefettete Schiffchen-Backformen gießen, abkühlen lassen und stürzen. Auf jedes Jelly einen Tupfer Spritztütentofu geben und die Jellys mit gehackten Pistazien, Holunderbeeren oder Waldbeeren garnieren.

Tofu-Tiramisu

300 g reine Pflanzenmargarine
300 g Tofu
300 ml Tofuschlagsahne (s. S. 44)
150 ml Sojamilch
140 g Vollrohrzucker
1 Prise Salz
2 Tropfen Orangenöl
eventuell 2 Tropfen Rumaroma oder Rum
Öl für die Kastenform (etwa 20 × 30 × 6 cm groß)
knapp 400 g Zwieback
etwa 500 ml Kaffee
Kakaopulver zum Bestäuben

Variationen:
- Sanddornsaft statt Sojamilch verwenden

- von den ersten vier Zutaten jeweils 50 g weniger und dafür als oberste Schicht eine Mischung aus 100 g weicher Pflanzenmargarine, 200 ml Tofuschlagsahne, 50 g Nougat und 1 EL Vanillezucker verwenden

- etwa 300 g gemischte Waldbeeren auf der dritten Zwiebackschicht verteilen, darauf die restliche Creme geben und das Ganze mit Kakaopulver bestäuben

Die Margarine schmelzen und mit Tofu, Tofuschlagsahne und Sojamilch pürieren. Zucker, Salz und Aromaöle dazugeben und abschmecken. Eine Kastenform einölen, Zwiebackscheiben kurz in den Kaffee tauchen, den Boden der Kastenform damit belegen und darauf ein Drittel der Creme verteilen. Eine weitere getränkte Zwiebackschicht in die Form geben und mit einem weiteren Drittel der Creme bedecken. Dann eine letzte Zwiebackschicht und darauf die restliche Creme in die Form geben, die Creme durch ein Sieb mit Kakaopulver bedecken und mindestens 4 Stunden kalt stellen.

Gefüllte Datteln

getrocknete Datteln
Wasser zum Einweichen der Datteln
Mandarinenstückchen
Dessertcreme nach Wahl (ab S. 148)
kleine Minze- oder Melissenblättchen zum Garnieren

Die getrockneten Datteln jeweils an der Längsseite einschneiden, entkernen und im Wasser einweichen. Abtropfen lassen und je ein kleines Stückchen Mandarine und einen Klecks Dessertcreme mit der Spritztüte mit Zackentülle in die Datteln füllen. Mit je einem frischen Minze- oder Melissenblättchen garnieren.

Variation:
- neben die Mandarine jeweils noch ein kleines Stückchen Marzipan in die Dattel drücken

Tofu Raffaela

100 g Tofu
100 g Kokosflocken
50 g Mandeln
50 g feine Haferflocken
2 EL Ahornsirup oder Agavendicksaft
30 g Vollrohrzucker
3 – 4 EL Apfelmus
1 gestrichener TL gemahlene Vanille
1 – 2 Msp Ingwerpulver
1 – 2 Prisen Zimtpulver
1 – 2 Hand voll Kokosflocken zum Wälzen

Den Tofu fein zerkrümeln, die Kokosflocken anrösten und die Mandeln mahlen. Alle Zutaten, bis auf die Kokosflocken zum Wälzen, miteinander vermischen und durchkneten. 30 Minuten ruhen lassen. Dann kleine Kugeln aus der Masse formen und in den Kokosflocken wälzen.

Variationen:
- eine gehackte Orange dazugeben

- statt Apfelmus einen geraspelten Apfel verwenden

- 1 EL Carobpulver oder Kakaopulver und / oder Haselnussmus dazugeben

Trüffel

50 g getrocknete Feigen
und 50 g Rosinen
oder
50 g getrocknete Datteln
und 50 g getrocknete Pflaumen
Wasser zum Einweichen
der getrockneten Früchte
60 – 80 g feine Haferflocken
50 g Mandeln
etwa 15 Kürbiskerne
1 – 2 EL reine Pflanzenmargarine
1 – 2 EL Sirup
1 – 2 Tropfen gutes Rosenöl
1 EL Schokoladen-Nuss-Creme
(s. S. 150)
nach Belieben:
- *gemahlener Kardamom*
- *gemahlene Vanille*
- *Zimtpulver*
- *Ingwerpulver*
etwa 150 g Tofu-Tortenguss
(s. S. 146)

Das getrocknete Obst je nach Art entsteinen, dann im Wasser einweichen und anschließend pürieren. Die Haferflocken mahlen. Die Mandeln rösten und ebenfalls mahlen. Kürbiskerne halbieren. Obstmasse, Haferflocken, Mandeln, Kürbiskerne, Margarine, Sirup, Rosenwasser, Schokoladen-Nuss-Creme und Gewürze mischen. Die Masse etwa 30 Minuten kalt stellen. Dann 2 cm große Würfel aus der Masse formen und diese mit dem Tofu-Tortenguss bestreichen.

Variationen:

- noch 1 – 2 EL Likör untermischen

- eine Hälfte der Trüffel mit hellem, die andere Hälfte mit dunklem Tofuguss bestreichen oder die Würfel in den Guss hineintauchen

Desserts und süße Leckereien

Gefüllte Pfirsiche

4 Pfirsiche
250 g Obstsalat (s. S. 55)
  oder Waldfruchtcreme (s. S. 149)
  oder Schokoladen-Nuss-Creme
  (s. S. 150)

Die Pfirsiche halbieren und entsteinen. Die Pfirsichhälften mit Obstsalat, Waldfruchtcreme oder Schokoladen-Nuss-Creme füllen, die Füllung leicht andrücken und die Pfirsiche servieren

Sweetheart-Tofu

200 g Tofu
100 ml Kokosmilch
1 – 2 EL Sirup
Zimtpulver oder gemahlene Vanille
  nach Belieben
Fett zum Frittieren
etwa 100 g Tofu-Buttercreme
  (s. S. 146)
4 Himbeeren
  oder 1 EL Konfitüre und
  Mandelblättchen zum Garnieren

Den Tofu in dünne Scheiben schneiden und Herzen ausstechen. Die Kokosmilch mit Sirup und Gewürzen verrühren, die Herzen darin 1 Stunde lang marinieren und anschließend 3 – 4 Minuten im heißen Fett frittieren. Mit je einem kleinen Klecks Tofu-Buttercreme und einer halben Himbeere garnieren oder mit Marmelade bestreichen und Mandelblättchen darüberstreuen.

Süße Pfannküchle

100 g Tofu
2 – 3 EL Süßungsmittel nach Belieben
200 g feines Weizenvollkornmehl
  oder Buchweizenmehl
40 g Sojamehl
1 Päckchen Weinsteinbackpulver
nach Belieben:
- *Zimtpulver*
- *gemahlene Vanille*
- *gemahlene Gewürznelken*
- *Ingwerpulver*

1 Prise Salz
Saft von eingeweichten
  Trockenfrüchten oder Obstsaft
  oder beliebige Früchte
Öl zum Braten

Tofu pürieren und mit dem Süßungsmittel, den Mehlen, dem Backpulver, den Gewürzen, dem Salz und wahlweise dem Trockenfrüchte- oder Obstsaft oder mit Früchten zu einem dickflüssigen Teig verrühren. Aus dem Teig in einer Pfanne im heißen Öl portionsweise Pfannkuchen ausbacken, beidseitig 3 – 5 Minuten.

> Mit diversen Dessertcremes (ab S. 148) bestrichen sowie mit gehackten Pistazien bestreut, ein Genuss!

Krapfen

Für etwa 12 Stück:
500 g Tofu
100 g reine Pflanzenmargarine
250 g Weizenvollkornmehl
1 – 2 Päckchen Weinsteinbackpulver
6 gestrichene EL Vollrohrzucker
1 TL Zimtpulver
½ TL gemahlene Vanille
1 Prise Salz
Fett zum Frittieren

Zum Bestreuen:
1 – 2 EL Vollrohrzucker
  oder Puderzucker

Den Tofu fein zerkrümeln. Die Margarine erwärmen, dann alle Zutaten – bis auf das Fett zum Frittieren – miteinander vermischen und gut durchkneten, bis der Teig zäh ist. Mit einem Eisportionierlöffel oder einem Esslöffel jeweils ein Bällchen Teig portionieren und im etwa 150 °C heißen Fett etwa 8 Minuten frittieren. Den Vollrohrzucker zum Bestreuen in der Kaffeemühle mahlen und die Krapfen damit bestreuen.

Variation:
- vor dem Frittieren in die Mitte jedes Krapfens eine Nuss, eine halbe eingeweichte Dattel oder eine entsteinte Kirsche drücken

Feiglinge

einige getrocknete Feigen
Wasser zum Einweichen der Feigen
3 Teile Krapfenteig (s. S. 157)
1 Teil Teig für Tofu Raffaela (s. S. 154)
Öl zum Braten
  oder Fett zum Frittieren

Feigen 30 Minuten im Wasser einweichen und anschließend abtropfen lassen. Aus den beiden Teigsorten einen neuen Teig kneten und kleine Krapfen daraus formen. In jeden Krapfen eine halbe eingeweichte Feige drücken, den Krapfen verschließen und anschließend im heißen Öl in der Pfanne ausbacken oder im heißen Fett frittieren.

Gefüllte Backäpfel

4 große Äpfel, zum Beispiel Boskoop
2 EL Nüsse
2 EL Rosinen
100 g Dessertcreme nach Wahl
  (ab S. 148)
  oder 100 ml Tofuschlagsahne
  (s. S. 44)
1 EL Kokosflocken
1 Prise Zimtpulver
1 Prise gemahlene Vanille
1 Prise gemahlener Kardamom
2 EL reine Pflanzenmargarine
Öl für die Backform
Zimtpulver, Kokosflocken
  oder gehackte Nüsse
  zum Garnieren

Die Äpfel mit dem Apfelausstecher entkernen und aushöhlen, die Nüsse rösten und hacken. Nüsse, Rosinen, Dessertcreme oder Tofuschlagsahne, Kokosflocken und Gewürze miteinander verrühren und die Äpfel damit füllen. Margarineflöckchen auf die Füllung setzen und die Äpfel in eine gefettete Backform setzen. Äpfel im vorgeheizten Backofen bei 180 °C etwa 20 Minuten backen, bis die Apfelschalen beginnen aufzureißen. Mit Zimt, Kokosflocken oder gehackten Nüssen bestreuen und heiß servieren.

Schmeckt auch gut mit Vanillepudding (s. S. 148).

Variation:
- nach dem Backen mit Tofu-Tortenguss (s. S. 146) bestreichen

Eiscreme

Wie so vieles andere, so ist auch Eiscreme Geschmackssache. Die folgenden Rezepte sind zwar an bekannte Eissorten angelehnt, aber weniger süß und vor allem fettärmer als übliche konventionelle Eisprodukte. Seien Sie für neue Geschmackserlebnisse offen, für Tofueis lohnt es sich allemal!

Jede Eiscreme lässt sich mit Tofuschlagsahne und / oder durch mehr oder andere Süßungsmittel noch beliebig verfeinern.

Die Eiscremes lassen sich einige Tage im Gefrierfach aufbewahren.

Herstellung von Eiscreme

Für Eiscreme werden zunächst alle Zutaten zu einer cremige Masse verarbeitet, am besten mit dem Mixer. Diese Creme wird dann gefroren. Damit das Eis während des Gefrierens nicht auskristallisiert, muss die Creme ständig gerührt werden. Das geht mit der Hand, besser aber mit einem Eisbereiter. Eisbereiter gibt es zum Selbstrühren oder mit einem motorbetriebenen Rührwerk. Geräte zum Selbstrühren kommen ins Gefrierfach, die motorbetriebenen haben eine eigene Kühlvorrichtung.

Walnuss-Vanille-Eis

100 g Walnüsse
250 g Tofu
250 ml Sojamilch
1 TL Zitronensaft
2 EL Öl
1 EL Haselnussmus oder Mandelmus
5 – 6 EL Sirup oder anderes
  Süßungsmittel nach Belieben
½ – 1 TL gemahlene Vanille
1 Prise Zimtpulver
1 Prise Salz

Die Walnüsse rösten und hacken. Tofu, Sojamilch und Zitronensaft mit Öl und Nussmus schön cremig mixen, süßen und abschmecken. Die Nüsse unterrühren und daraus das Eis bereiten (s. nebenstehende Anleitung).

Schokoladen-Mandel-Eis

2 EL Mandelmus oder Mandeln
200 g Tofu
200 ml Sojamilch
2 – 3 EL Sirup
1 EL Kakaopulver oder Carobpulver
1 Prise Salz

Wenn Mandeln verwendet werden, diese rösten und mahlen. Dann alle Zutaten zusammen cremig rühren und daraus Eis bereiten (s. S. 160).

Dattel-Erdnuss-Eis

80 g getrocknete Datteln
Wasser zum Einweichen der Datteln
200 g Tofu
200 ml Sojamilch
2 – 3 EL Ahornsirup oder anderes
  Süßungsmittel nach Belieben
2 EL Erdnussmus
½ TL gemahlener Kardamom
½ TL Zimtpulver
½ TL gemahlene Vanille
1 Prise Salz

Die Datteln entkernen und im Wasser einweichen. Anschließend klein schneiden. Alle Zutaten zusammen cremig mixen und abschmecken. Daraus das Eis unter Rühren gefrieren lassen (s. S. 160).

Feigen-Birnen-Eis

5 – 6 getrocknete Feigen
Wasser zum Einweichen der Feigen
2 Birnen
200 g Tofu
200 ml Sojamilch
2 EL Öl
1 – 2 EL Sirup
1 EL Zitronensaft
1 Prise Salz
Gewürze nach Belieben

Die Feigen im Wasser einweichen und anschließend klein schneiden. Die Birnen schälen, entkernen und ebenfalls klein schneiden. Alle Zutaten cremig mixen und daraus das Eis bereiten (s. S. 160).

Carob-Zimt-Rhabarber-Eis

250 g Tofu
250 ml Sojamilch oder Fruchtsaft
100 g Rhabarbermus
3 EL Sirup oder anderes
  Süßungsmittel nach Belieben
1 – 2 EL Öl
1 EL Carobpulver
½ TL Zimtpulver
1 Prise gemahlene Vanille
1 Prise Ingwerpulver
1 Prise Salz

Alle Zutaten cremig mixen und daraus Eis zubereiten (s. S. 160).

Brombeer-Apfel-Eis

2 Äpfel
2 – 3 EL Brombeeren
200 g Tofu
200 ml Sojamilch
2 – 3 EL Sirup
2 EL Öl
1 EL Zitronensaft
1 Prise Salz
Gewürze nach Belieben

Die Äpfel schälen, entkernen und klein schneiden. Äpfel mit den übrigen Zutaten cremig mixen. Daraus das Eis bereiten (s. S. 160).

Sanddorn-Hagebutten-Eis

200 g Tofu
100 ml Sojamilch
100 ml Sanddornsaft
100 g Hagebuttenkonfitüre
1 – 2 EL Zitronensaft
1 Prise Zimtpulver
1 Prise gemahlener Kardamom
1 Prise gemahlene Vanille
1 Prise gemahlener Piment
1 Prise Salz

Alle Zutaten cremig mixen und daraus das Eis bereiten (s. S. 160).

Cashewnuss-Kirsch-Eis

50 g Kirschen
80 g Cashewnüsse
200 g Tofu
100 ml Sojamilch
100 ml Kirschsaft
2 EL Öl
1 EL Zitronensaft
1 Prise Zimtpulver
1 Prise gemahlener Kardamom
1 Prise gemahlene Vanille
1 Prise gemahlener Piment
1 Prise Salz

Kirschen entsteinen, Cashewnüsse rösten und mahlen. Alle Zutaten cremig rühren und daraus Eis bereiten (s. S. 160).

Bananen-Flieder-Eis

2 Bananen
150 g Tofu
200 ml Sojamilch
2 – 3 EL Sirup oder anderes Süßungsmittel nach Belieben
1 – 2 EL Öl
1 – 3 Tropfen Fliederöl
1 Prise Zimtpulver
1 Prise gemahlene Vanille
1 Prise Salz

Die Bananen schälen und klein schneiden. Alle Zutaten cremig mixen und daraus unter Rühren das Eis gefrieren lassen (s. S. 160).

Holunder-Melissen-Eis

200 g Tofu
200 ml Sojamilch
150 – 200 g Holunderbeermus
2 – 3 EL Öl
1 – 2 EL Sirup
2 – 3 Tropfen Melissenöl
1 Prise Salz
gemahlene Vanille nach Belieben
Zimtpulver nach Belieben
einige getrocknete, geriebene
*   Melissenblätter*
Dessertcreme nach Wahl
*   (ab S. 148) und einige frische*
*   Melissenblätter zum Garnieren*

Alle Zutaten, außer denjenigen zum Garnieren, cremig pürieren, daraus das Eis bereiten (s. S. 160) und in Schalen füllen. Jede Portion mit einem Klecks Dessertcreme sowie je einem frischen Melissenblatt garnieren.

Aprikosen-Pistazien-Eis

100 g getrocknete Aprikosen
Wasser zum Einweichen
*   der Aprikosen*
50 – 100 g Pistazien
250 g Tofu
2 – 3 EL Sirup oder anderes
*   Süßungsmittel nach Belieben*
1 Prise gemahlene Gewürznelken
1 Prise gemahlene Vanille
1 Prise Zimtpulver
1 Prise gemahlener Anis
1 Prise Ingwerpulver
1 Prise Salz

Aprikosen im Wasser einweichen und anschließend zerkleinern. Pistazien grob hacken. Alle Zutaten außer den Pistazien pürieren und daraus Eis bereiten (s. S. 160). Zuletzt in das Eis einen Teil der Pistazien rühren und das fertige Eis mit den restlichen Pistazien garnieren.

Hanf-Pflaumen-Eis

60 – 80 g Hanfsamen
250 g Tofu
250 ml Sojamilch oder Pflaumensaft
250 g Pflaumenmus
3 – 4 EL Apfeldicksaft
1 – 2 EL Zitronensaft
1 – 2 EL Öl
1 – 2 Tropfen Orangenöl
  nach Belieben
½ TL Ingwerpulver
1 Prise gemahlene Gewürznelken
1 Prise Salz
gemahlene Vanille nach Belieben
Zimtpulver nach Belieben
einige Pflaumenstückchen

Die Hanfsamen rösten und mahlen und mit den übrigen Zutaten, bis auf die Pflaumenstückchen, zu einer cremigen Masse mixen. Dann die Pflaumenstückchen einrühren und daraus das Eis bereiten (s. S. 160).

Hanf-Mohn-Rosen-Eis

50 – 80 g Hanfsamen
100 g Mohn
etwas Wasser zum Kochen des Mohns
200 g Tofu
150 ml Apfelsaft oder Orangensaft
3 – 4 EL Sirup
1 – 2 EL Öl
1 – 2 EL Zitronensaft
2 – 3 Tropfen gutes Rosenöl
1 Prise gemahlene Vanille
1 Prise Zimtpulver
1 Prise Salz
1 – 2 EL Sultaninen nach Belieben

Hanfsamen rösten und mahlen, Mohn ebenfalls mahlen und mit etwas Wasser weich kochen. Dann alle Zutaten – bis auf die Sultaninen – cremig rühren und daraus das Eis zubereiten (s. S. 160). Nach Wunsch Sultaninen unterrühren.

Kokos-Mandarinen-Bergamotte-Eis

1 – 2 Mandarinen
1 Banane
200 g Tofu
200 ml Kokosmilch
3 – 4 EL Sirup
2 – 3 EL Öl
2 – 3 Tropfen Bergamotteöl
½ TL gemahlene Vanille
1 Prise Zimtpulver
1 Prise Ingwerpulver
1 Prise Salz
Kokosflocken und
   Mandarinenschnitze
   zum Garnieren

Die Mandarinen schälen und würfeln, die Banane schälen und klein schneiden. Alle Zutaten, bis auf die Kokosflocken und die Mandarinenschnitze, cremig mixen und daraus das Eis bereiten (s. S. 160). Die Kokosflocken rösten und das fertige Eis mit Kokosflocken und Mandarinen garnieren.

Mokka-Mandel-Eis

200 ml Mokka-Shake (s. S. 31)
3 – 4 EL Apfel-Dattel-Mus
   oder Birnen-Dattel-Mus
2 – 3 EL Öl
2 EL Mandelmus
2 EL Sirup oder anderes
   Süßungsmittel nach Belieben
1 EL Zitronensaft
1 Prise Salz
Zimtpulver nach Belieben
gemahlene Vanille nach Belieben

Alle Zutaten cremig mixen und daraus das Eis bereiten (s. S. 160).

Waldbeeren-Parfait

150 g reine Pflanzenmargarine
250 g Tofu
400 g Sojajoghurt
80 g Vollrohrzucker
1 Prise Salz
abgeriebene Orangenschale
gemahlene Vanille
Zimtpulver
Öl für die Kastenform
250 – 300 g gemischte Waldbeeren
50 – 80 g vegane Kekse (s. S. 144)
400 ml Kaffee
200 ml Beerensaft oder Kirschsaft
2 g Agar-Agar (s. auch Tipp S. 140)
2 – 3 TL Konfitüre
2 EL Krokant
2 EL leicht geröstete Kokosflocken

Margarine erhitzen, mit Tofu, Sojajoghurt und Zucker mischen, Salz und Gewürze dazugeben und cremig pürieren. Eine kleinere Kastenform einfetten, die Waldbeeren gut abtropfen lassen und je nach Größe halbieren. Eine Hälfte der Beeren in die Form geben und die Tofucreme darauf verteilen. Die Kekse kurz in den Kaffe tauchen und vorsichtig in die Creme drücken. Die restlichen Beeren darauf verteilen und die Masse kalt stellen. Restlichen Kaffee mit Beerensaft oder Kirschsaft zum Kochen bringen, Agar-Agar einrühren, 5 Minuten leicht köcheln lassen und Konfitüre, Krokant und Kokosflocken einrühren. Vom Herd nehmen. Nach etwa 20 Minuten, bevor diese Flüssigkeit fest wird, auf die Beerenschicht geben. Mindestens 2 Stunden gefrieren. Etwa 20 Minuten vor dem Servieren aus dem Gefriergerät holen und kurz vor dem Servieren in Scheiben schneiden.

Auf pürierter Fruchtcreme servieren.

Variation:

- ½ – 1 TL Ingwerpulver oder Chilipulver in die Tofucreme geben

- Erdbeeren, Johannisbeeren, geschnittene Pflaumen statt Waldbeeren verwenden

Kiwi-Eis mit Orangen-Pfirsich-Sorbet

3 Kiwis
150 g Tofu
100 ml Orangensaft
2 – 4 EL Sirup
2 – 3 EL Öl
1 Prise Salz
1 Prise gemahlene Vanille
1 Prise Zimtpulver
1 – 2 EL geröstete
  und grob gehackte Kürbiskerne
3 reife Pfirsiche
1 – 2 saftige Orangen
2 EL Ahornsirup oder Birnendicksaft

Die Kiwis schälen und mit Tofu, Orangensaft, Sirup, Öl, Salz, Vanille und Zimt cremig mixen. Daraus das Eis bereiten (s. S. 160) und zuletzt die Kürbiskerne einrühren. Dann die Pfirsiche entsteinen und die Orangen schälen. Pfirsiche und Orangen mit Ahornsirup oder Birnendicksaft pürieren und im Eisbereiter erkalten lassen. Orangen-Pfirsich-Sorbet zum Kiwi-Eis servieren.

Variation:
- mit gerösteten Sonnenblumenkernen oder Cashewnüssen

Eis und Heiß

1 Hand voll entsteinter Kirschen
  oder 200 ml Traubensaft
1 EL Stachelbeeren
1 EL Himbeeren
200 ml Orangensaft
1 Prise Zimtpulver
1 – 2 EL Süßungsmittel nach Belieben
eventuell 1 – 2 EL Stärkemehl
Eissorte nach Wahl
Likör nach Belieben
gehackte Melissenblätter
  zum Garnieren

Kirschen oder Traubensaft, Stachelbeeren, Himbeeren und Orangensaft in einem kleinen Topf erhitzen. Dazu etwas Zimt und nach Geschmack etwas Likör und eventuell Süßungsmittel geben. Einige Minuten köcheln lassen und eventuell mit Stärkemehl etwas andicken. Zum Eis nach Wahl servieren (heiße Fruchtsauce zum Beispiel kreisförmig um das Eis gießen) und mit gehackten Melissenblättern garnieren.

Eis am Stiel

Eiswürfelbehälter sind in den meisten Haushalten vorhanden. Sie werden mit den entsprechenden Eiscremesorten oder Sojamilchshakes gefüllt und kommen dann ins Gefrierfach. Wenn die Masse ziemlich fest ist, je einen Zahnstocher oder ein anderes Stäbchen in jedes Eiswürfelfach stecken und bis zur Festigkeit gefrieren lassen. Zuletzt kann jedes Tofueis am Stiel noch kurz in dunklen Tofuguss (s. S. 145) getaucht werden.

Der Autor

Alexander Nabben lebt in Isny im Allgäu. Er ist Betreiber eines Öko-Party-Services und bietet Verpflegung bei Seminaren und Veranstaltungen deutschlandweit und in Mitteleuropa an. Sonstige Aktivitäten des Autors umfassen Vorträge zum Thema vegane Ernährung und Lebensphilosophie, Lesungen, Diskussionsrunden mit Schülern und vegane Kochkurse in Schulen sowie Wochenendkochkurse zur Herstellung von Sojamilch, Tofu oder Seitan und zur Weiterverwendung dieser Lebensmittel.

Weiterhin können über Alexander Nabben Hilfsmittel zur Herstellung von Tofu, zum Beispiel Nigari, bezogen werden.

Als weiterführende Literatur zum Thema empfiehlt der Autor unter anderem die Bücher »Tofu. Vom skurrilen Kampf um ein unscheinbares Nahrungsmittel« von Bernd Drosihn, »Milch besser nicht« von Maria Rollinger und »Food Revolution« von John Robbins.

Weitere Bücher von Alexander Nabben:
- Seitan. Vom Satansbraten zur Buddhaspeise vom Dach der Welt, Packpapierverlag
- Vegane Schikane. Alle Achtung für Mensch, Tier und Pflanze, Packpapierverlag
- Genug für uns Alle. Ein spirituell-politisches Überlebens-Kochbuch, Packpapierverlag
- Brandstiftung im Purzelbaum: Märchen, Packpapierverlag
- Die verschluckte Zukunft
- Zwischen Liebe und Tod
- Die Milch macht's kaputt – Milch Markt Macht
- Not am Mann – ein Männerbuch

Die Bücher sind beim Autor und teilweise über den Packpapierverlag erhältlich.

Aktuelle Informationen und Kontakt zum Autor über seine Internetseite: www.vegan-service-veb.de.

Rezeptindex

Algen-Auberginen-Aufstrich 112
Algenmarinade...........................42
Algentofu...............................41
Allerlei Kekse 144
Amarant-Brokkoli-Aufstrich 110
Apfel-Brombeer-Eis 162
Apfel-Kokos-Creme 151
Apfel-Möhren-Muffins 143
Aprikosen-Pflaumen-Torte 133
Aprikosen-Pistazien-Eis................164
Apritofu...............................115
Artischocken, gefüllt...................81
Auberginen-Algen-Aufstrich 112
Austernpilzbraten.......................91
Avocadodressing.........................59

Backäpfel, gefüllt....................158
Bananen-Flieder-Eis....................163
Bananen-Kiwi-Creme 115
Bananen-Schokoladen-Creme..............151
Bergamotte-Kokos-Mandarinen-Eis........166
Birnencreme mit Mohntofu...............117
Birnen-Feigen-Eis 161
Birnengratin mit Mohn 89
Birnen-Himbeer-Creme 152
Birnen-Johannisbeer-Torte 134
Birnen-Shake............................30
Blumenkohldressing......................58
Brokkoli-Amarant-Aufstrich 110
Brokkoli-Kartoffel-Auflauf..............86
Brombeer-Apfel-Eis 162
Brombeer-Nuss-Aufstrich................116
Bulgurauflauf...........................87
Bulgursalat.............................52
Buttercreme mit Tofu...................146
Buttermilch aus Sojasauerrahm...........28

Carob-Zimt-Rhabarber-Eis...............162
Cashewnuss-Kirsch-Eis 163
Cevapcici mit Kohl 102

Champignoncremesuppe 67
Champignons, gefüllt 120
Chicoréeschiffchen 122
Chili con Tofu..........................75
Crème fraîche aus Tofu 45
Crunchy mit Okara 35
Currymarinade 42

Dattelcreme...........................150
Dattel-Erdnuss-Eis 161
Datteln, gefüllt.......................154
Dattel-Nuss-Torte......................137
Dattel-Zwiebel-Salat....................55
Drei-Farben-Tofu 92
Dunkler Tofuguss.......................145

Eis am Stiel..........................169
Eis und Heiß...........................168
Eiscremetorte..........................136
Erdbeer-Sahne-Torte ohne Backen 139
Erdbeer-Kiwi-Torte.....................132
Erdbeer-Vanille-Shake...................30
Erdnuss-Dattel-Eis 161
Erdnussdressing, indisch 59

Feigen-Birnen-Eis.....................161
Feiglinge 158
Felafel.................................99
Fenchel-Tofu-Pfanne.....................80
Flieder-Bananen-Eis....................163
Fliegenpilztofu........................118
Frischkäse aus Sojajoghurt..............28
Früchtecreme 149
Früchte-Jelly 152

Garten-Tofu...........................104
Gefälschter Aal........................103
Gefüllte Artischocken...................81
Gefüllte Backäpfel 158
Gefüllte Champignons 120

171

Gefüllte Datteln...154
Gefüllte Paprikaschoten............................82
Gefüllte Pfirsiche.......................................156
Gefüllte Reisblätter...................................128
Gefüllte Weinblätter.................................121
Gefüllte Yufkateigblätter..........................128
Gefüllter Räuchertofu..............................124
Gefülltes Gemüse......................................121
Gelber Rotkohltofu.....................................79
Gemüse, gefüllt...121
Gemüsepakoras..78
Gemüseschaum mit Gnocchi.....................77
Gemüse-Shake..32
Gemüsesuppe...70
Gemüsetofu..40
Gemüse-Tofu-Pastete.................................94
Getreideaufstrich......................................110
Ginger-Drink..31
Gnocchi mit Gemüseschaum.....................77
Gomasio mit Okara....................................35
Granola mit Okara......................................35
Grießflammeri..149
Grilltofu...46
Grundrezept für süßen Hefeteig..............130
Grundrezept für süßen Mürbeteig...........131
Grundrezept für Tofucremesuppe..............66
Grundrezept für würzigen Hefeteig.........126
Grundsauce..60
Grüne Tofusuppe..71
Grünkernauflauf...87
Gurken-Senf-Dressing.................................57

Hagebutten-Sanddorn-Eis........................162
Hanfaufstrich..108
Hanf-Kirsch-Aufstrich...............................116
Hanf-Mohn-Rosen-Eis...............................165
Hanf-Pflaumen-Eis....................................165
Hanftaschen...127
Haselnuss-Shake..30
Hefe-Knoblauch-Marinade.........................42
Hefesauce..61
Hefeteig, süß...130
Hefeteig, würzig......................................126

Heidelbeertorte..132
Heller Tofuguss..145
Himbeer-Birnen-Creme.............................152
Hirsekugeln..98
Hirse-Sonnenblumen-Bällchen..................99
Hit-Kartoffeln...125
Holunder-Melissen-Eis.............................164

Indisches Erdnussdressing........................59
Indonesische Platte..................................119
Ingwermarinade..42
Inter-Salat..51

Jägersauce..64
Jay...33
Jelly...152
Johannisbeer-Birnen-Torte......................134

Kapernsauce mit Tofu-Klopsen................100
Käpt'n Tofu..83
Kartoffel-Brokkoli-Auflauf..........................86
Kartoffelsalat...53
Kartofu..86
Kekse...144
Kindermenü...83
Kirsch-Cashewnuss-Eis.............................163
Kirsch-Hanf-Aufstrich...............................116
Kirsch-Schokoladen-Torte........................135
Kirschtorte Schwarzwälder Art................140
Kiwi-Bananen-Creme................................115
Kiwi-Eis mit Orangen-Pfirsich-Sorbet.......168
Kiwi-Erdbeer-Torte...................................132
Kiwi-Mandel-Shake....................................30
Knoblauch-Hefe-Marinade........................42
Kohlige Cevapcici.....................................102
Kokos-Apfel-Creme...................................151
Kokos-Mandarinen-Bergamotte-Eis.........166
Kokos-Tofu-Sauce.......................................63
Kokos-Zimt-Marinade................................42
Königsberger Tofu-Klopse
 an Kapernsauce.....................................100
Koriander-Senf-Marinade..........................42
Körniger Sojajoghurt-Frischkäse................28

Rezeptindex

Krapfen 157
Kräuteraufstrich 104
Kräuterdressing 57
Kräutertofu 40
Krautsalat 50
Kürbissauce 62

Lasagne 76
Liebesmilch 32

Mandarinen-Kokos-Bergamotte-Eis 166
Mandelauflauf 88
Mandel-Kiwi-Shake 30
Mandel-Mokka-Eis 166
Mandel-Schokoladen-Eis 161
Maronipaste, pikant 109
Maronipaste, süß 114
Meerrettich-Oliven-Aufstrich 105
Melissen-Holunder-Eis 164
Mexikosalat 54
Mischtofu 41
Misosuppe 68
Miso-Tofu-Paste 108
Mittelmeerterrine 93
Mohn-Birnen-Gratin 89
Mohn-Hanf-Rosen-Eis 165
Mohnstrudel 138
Mohntofu mit Birnencreme 117
Möhren-Apfel-Muffins 143
Möhrencreme 58
Möhrencremesuppe 67
Möhren-Nuss-Aufstrich 117
Möhren-Vanille-Kuchen 142
Mokka-Mandel-Eis 166
Mokka-Shake 31
Morgenrot 114
Mürbeteig, süß 131
Mürbteigtörtchen 142

Nori-Mandala 129
Nudelberg 77
Nudelsalat 52
Nuss-Brombeer-Aufstrich 116

Nuss-Dattel-Torte 137
Nuss-Möhren-Aufstrich 117
Nuss-Paprika-Aufstrich 107
Nuss-Schokoladen-Creme 150
Nusstofu 40

Obstkuchen 131
Obstsalat 55
Okara-Crunchy 35
Okara-Gomasio 35
Okara-Granola 35
Okara-Reibekuchen 34
Oliven-Meerrettich-Aufstrich 105
Orangenmarinade 42
Orangen-Pfirsich-Sorbet mit Kiwi-Eis 168
Orient-Paste 109
Orientsalat 54

Paniertes Tofuschnitzel 72
Paprikamarinade 42
Paprika-Nuss-Aufstrich 107
Paprikaschnitten 120
Paprikaschoten, gefüllt 82
Party-Salat-Platte 119
Pesto-Tofu 105
Pfannküchle, pikant 96
Pfannküchle, süß 157
Pfirsiche, gefüllt 156
Pfirsich-Orangen-Sorbet
  mit Kiwi-Eis 168
Pflaumen-Aprikosen-Torte 133
Pflaumen-Hanf-Eis 165
Pikante Maronipaste 109
Pikante Pfannküchle 96
Pikanter Spritztütentofu 44
Pilzpastete 90
Pilzsauce 61
Pilz-Schmilz-Aufstrich 111
Pilztofu im Ring 78
Pilztofu 41
Pistazien-Aprikosen-Eis 164
Pizza 127
Power-Shake 31

173

Rezeptindex

Räuchertofu, gefüllt 124
Regenbogentofu 125
Reibekuchen mit Okara 34
Reibekuchen 97
Reisblätter, gefüllt 128
Reislinge 101
Rhabarber-Carob-Zimt-Eis 162
Rosen-Hanf-Mohn-Eis 165
Rosenkohlsticks 118
Rote-Bete-Salat 49
Roter Tofu 40
Rotkohltofu 79
Rotweinmarinade 42
Rühreisauce 62
Rührtofu 47

Sachertorte 138
Sahne-Erdbeer-Torte ohne Backen 139
Salat-Platte 119
Sanddorn-Hagebutten-Eis 162
Sauce Hollandaise 64
Sauerkraut-Tofu 79
Sauerrahm aus Soja 28
Schlagsahne aus Tofu 44
Schmilz-Pilz-Aufstrich 111
Schokoladen-Bananen-Creme 151
Schokoladen-Kirsch-Torte 135
Schokoladen-Mandel-Eis 161
Schokoladen-Nuss-Creme 150
Schokoladenpudding 148
Seitanauflauf 88
Seitancremesuppe 68
Selleriesalat 49
Senf-Gurken-Dressing 57
Senf-Koriander-Marinade 42
Senfpaste 105
Senfsauce 61
Sesamaufstrich 106
Shanghai-Salat 51
Sojajoghurt 27
Sojajoghurt-Frischkäse 28
Sojajoghurt-Frischkäse, körnig 28
Sojakefir 27

Soja-Kondensmilch 27
Sojasauerrahm 28
Sojasauerrahm-Buttermilch 28
Sommersalat 48
Sonnenblumen-Hirse-Bällchen 99
Spaghetti mit Tofubolognese 76
Spargel-Tofu-Kreation 80
Spinatbällchen 98
Spinatsauce 61
Spinat-Zwiebel-Aufstrich 107
Spritztütentofu, pikant 44
Spritztütentofu, süß 44
Sprossensalat 48
Sprossentofu 41
Sultans Satans-Tofu 75
Sunshine-Cake 141
Süße Maronipaste 114
Süße Pfannküchle 157
Süße Tofucremesuppe 71
Süßer Hefeteig 130
Süßer Mürbeteig 131
Süßer Spritztütentofu 44
Süßsaure Marinade 42
Süßsaure Sauce 65
Sweetheart-Tofu 156

Tiramisu 153
Tofu am Spieß 123
Tofu Glasnost 95
Tofu Raffaela 154
Tofubaguette 125
Tofubolognese mit Spaghetti 76
Tofubraten 91
Tofubratschnitten 46
Tofuburger 124
Tofu-Buttercreme 146
Tofuchips 129
Tofu-Crème-fraîche 45
Tofucremesuppe 66
Tofucremesuppe, süß 71
Tofucroûtons 45
Tofu-Fenchel-Pfanne 80
Tofufiguren 46

Rezeptindex

Tofu-Gemüse-Pastete 94
Tofugeschnetzeltes 73
Tofugulasch-Suppe 69
Tofuguss – dunkel 145
Tofuguss – hell 145
Tofu-Käsetorte 135
Tofu-Klopse an Kapernsauce 100
Tofu-Kokos-Sauce 63
Tofu-Landjäger 102
Tofuletten 101
Tofu-Miso-Paste 108
Tofu-Muffins 143
Tofunaise 56
Tofuquark 40
Tofuragout 73
Tofurahmsauce 60
Tofurollis 97
Tofuroulade 74
Tofuscheiben mit Topinamburchips 129
Tofuschlagsahne 44
Tofuschnittwurst 113
Tofuschnitzel, paniert 72
Tofu-Spargel-Kreation 80
Tofu-Spezialwürfel 45
Tofustiftsalat 122
Tofusuppe, grün 71
Tofutatar 47
Tofu-Tiramisu 153
Tofu-Tortenguss 146
Tomatencremesuppe 66
Tomatendressing 57
Tomatensauce 65

Topinamburchips mit Tofuscheiben 129
Tortenguss 146
Traubencreme-Torte 133
Trüffel 155
Tzatziki-Aufstrich 106

Vanille-Erdbeer-Shake 30
Vanille-Möhren-Kuchen 142
Vanillepudding 148
Vanille-Walnuss-Eis 160
Vegan-Sushi 129
Vom-Spaziergang-zurück-Suppe 70

Waldbeeren-Parfait 167
Waldorf-Paste 111
Walnuss-Vanille-Eis 160
Weinblätter, gefüllt 121
Weserwelle 136
Wiesensalat 50
Würfelmischung 122
Würziger Hefeteig 126

Yellow-Sunshine-Tofu 82
Yufkateigblätter, gefüllt 128

Zimt-Carob-Rhabarber-Eis 162
Zimt-Kokos-Marinade 42
Zitronenmarinade 42
Zwiebel-Dattel-Salat 55
Zwiebelkuchen 126
Zwiebel-Spinat-Aufstrich 107

Wir engagieren uns noch stärker für den Klimaschutz!

Seit mehr als 15 Jahren drucken wir unsere Bücher weitestgehend auf Recyclingpapier und versuchen damit, eine ressourcenschonende und umweltfreundliche Buchproduktion zu ermöglichen.

In den letzten Jahren ist der Klimawandel mit seinen weitreichenden Folgen für uns und vor allem unsere nachfolgenden Generationen immer mehr zum Thema geworden. Die Auswirkungen sind bereits jetzt spürbar – Wetterextreme, sich verschiebende Jahreszeiten, Erderwärmung. Auch wenn diese Entwicklungen nicht mehr völlig aufzuhalten sind, müssen wir – auch als Verlag – aktiv werden.

Die *freiburger graphische betriebe*, die Druckerei, in der unsere Bücher produziert werden, beteiligen sich an der Klimainitiative der Druck- und Medienverbände Deutschland und bieten die Möglichkeit, Buchproduktionen klimaneutral herstellen zu lassen. »Klimaneutral« bedeutet den Ausgleich von Treibhausgasen bzw. die Neutralisation durch die Einsparung einer bestimmten CO_2-Menge an anderer Stelle. Da die Wirkungen des Treibhauseffektes global schädigen, ist es irrelevant, an welchem Ort der Welt Emissionen entstehen und wo sie dann letztendlich eingespart werden. Der gesamte Prozess des Ausgleiches von Treibhausgasen basiert auf dem Kyoto-Protokoll von 1997.

Wir haben nun die Möglichkeit, für jedes Druckprodukt den genauen Wert des CO_2-Ausstoßes, der auf den Produktionsprozess in der Druckerei und deren Materialeinsatz zurückzuführen ist, zu ermitteln. Mit Hilfe eines vom Bundesverband der deutschen Druckindustrie entwickelten Rechners, mit dem viele Faktoren erfasst werden – Energieverbrauch, Farbe, Papier, Transportwege oder Einsatz von Personal – wird am Ende der Buchproduktion ein Wert ermittelt, der die relevante Wertschöpfungskette für die technische Herstellung des Buchs umfasst und den durch die Produktion verursachten CO_2-Ausstoß nachweist.

Für diesen Wert bezahlen wir als Verlag einen Ausgleich, der dann in anerkannte und zertifizierte Klimaschutzprojekte fließt. Die Zertifizierung erfolgt durch die Organisation *firstclimate* (www.firstclimate.com) und wird durch das Logo »*Print CO_2 kompensiert*« angezeigt.

Die aus dem Druck dieses Buchs resultierende Klimaabgabe fließt in ein Windparkprojekt in der Marmara-Region in der Türkei.

Das Projektgebiet liegt in der Marmara-Region an einem Höhenrücken etwa 350 m über Meereshöhe, nahe der Dörfer Elbasan und Çatalca unweit Istanbuls. Im Rahmen des Projekts werden 20 Windenergieanlagen mit einer Nennleistung von je 3 MW errichtet.

Andere Bücher aus dem pala-verlag

Heike Kügler-Anger:
Cucina vegana
ISBN: 978-3-89566-247-8

Heike Kügler-Anger:
Frisch aufgegabelt – Nudeln vegan
ISBN: 978-3-89566-281-2

Suzanne Barkawitz:
Vegan genießen
ISBN: 978-3-89566-266-9

Angelika Eckstein:
Vegan backen
ISBN: 978-3-89566-239-3

Vegan genießen

Heike Kügler-Anger:
Käse veganese
ISBN: 978-3-89566-237-9

Abla Maalouf-Tamer:
Vegane Köstlichkeiten – libanesisch
ISBN: 978-3-89566-284-3

Heike Kügler-Anger:
Vegan unterwegs
ISBN: 978-3-89566-264-5

Angelika Eckstein:
Vegane Weihnachtsbäckerei
ISBN: 978-3-89566-275-1

Vegetarisches aus aller Welt

Petra Skibbe und Joachim Skibbe:
Toscana vegetariana
ISBN: 978-3-89566-278-2

Lena Brorsson Alminger:
Schwedisch backen
ISBN: 978-3-89566-269-0

Kerstin Lautenbach-Hsu:
Vegetarisch kochen – chinesisch
ISBN: 978-3-89566-259-1

Katrin Eppler:
Vegetarisch kochen – türkisch
ISBN: 978-3-89566-271-3

Gesamtverzeichnis bei:
pala-verlag, Rheinstraße 35, 64283 Darmstadt, www.pala-verlag.de

ISBN: 978-3-89566-283-6
© 2011: pala-verlag, Rheinstraße 35, 64283 Darmstadt
überarbeitete und ergänzte Neuauflage des Titels
»Kochen und backen mit Tofu« aus dem Jahr 1997
www.pala-verlag.de

Alle Rechte vorbehalten

Umschlaggestaltung: Karin Bauer
www.karin-bauer.com

Innenillustrationen: Margret Schneevoigt

Zettel-Zeichnungen: Sabine Hoff

Lektorat: Bettina Snowdon

Druck: fgb • freiburger graphische betriebe
www.fgb.de
Printed in Germany

Dieses Buch ist auf Papier aus 100 % Recyclingmaterial
gedruckt und klimaneutral produziert.